청교도, 하나님을 온전히 따르는 삶

청교도, 하나님을 온전히 따르는 삶

조엘 비키 • 마이클 리브스 지음 | 신호섭 옮김

지평서원

차 례

"

청교도들은

이제까지 살았던 그 어떤 부류의 영국 사람들보다 국민성을
고양시켰다. 그들은 시민의 자유를 뜨겁게 사랑했고, 그것을 수호하기
위해 죽음까지 감수했으며, 의회에서 강력한 힘을 발휘했고, 그만큼 전쟁터에
서도 용감했다. 그들은 유럽 전역에서 두려움의 대상이었고, 고국에서도 하나
로 연합한 그들을 대적할 자가 없었다. 그들은 탁월한 작가요 용감한 전사들
이었다. 청교도들은 하나님을 가장 두려워할 뿐, 사람들을 두려워하지
않았다. 그들은 조국으로부터 마땅히 받아야 할 명예를
전혀 받지 못한 세대의 사람들이었다.

"

J. C. 라일
('토마스 맨튼의 저작 전집'의 서론에서)

옮긴이 머리말

신호섭 목사

한국에서 청교도는 그 명성에 걸맞은 대접을 받지 못하고 있습니다. 오히려 청교도를 전혀 모르는 이상한 사람들이 '청교도'를 오용하여 이름뿐인 청교도 운동을 벌이기도 합니다. 또 다른 한편으로 16세기로부터 18세기에 이르기까지 150년이 넘는 역사적 시공간과 수천여 명이 넘는 청교도들의 다양성과 방대함, 그들의 공헌을 간과한 채, 부분적이고도 편협한 관점으로 어쭙잖게 청교도를 부정적으로 평가하면서 그 명예를 훼손하는 이들도 있습니다.

물론 본 서에서 조엘 비키(Joel R. Beeke)와 마이클 리브스(Michael Reeves)가 잘 밝히고 있듯이, 청교도는 결점과 오류가 없는 사람들이 아니었습니다. 일부이기는 하지만, 그들도 오늘날 우리처럼 연약한 죄인이었고, 실수와 오류를 범하는 평범한 사람이었습니다. 그러할지라도 리랜드 라이큰(Leland Ryken)이 말한 것처럼, 청교도는 이 세상의 성자들입니다. 독자들도 본 서를 통해 경험하게 되겠지만, 청교도의 신학과 학식과 경건과 열정은 그 이후 오늘날까지 어느 시대나 어떤 무리도 모방할 수 없을 만큼 비범했습니다.

그러나 17세기 잉글랜드의 청교도 운동에 접근하는 일은 쉽지 않은 과업입니다. 국내에 청교도의 저작들이 소개되기 시작한 것은 불과 1970-1980년대 초반이었고, 그마저도 존 번연의 『천로역정』(The Pilgrim's Progress)이나 리처드 백스터의 『참목자상』(The Reformed Pastor, 생명의말씀사 역간), 알렌 카든의 『청교도 정신』(Puritan Christianity in America, CLC 역간)과 같은 단편적인 작품들뿐이었습니다. 청교도를 다룬 일부 국내 저자들의 저서도 원서의 내용을 반복하는 수준이었고, 근래에 들어서야 간간이 해외에서 공부하던 교수들이 특정한 주제를 다룬 박사 학위 논문들을 출간하기 시작했을 뿐입니다.

이런 상황 가운데 지평서원은 1990년대 후반부터 지금까지 국내에서 '경건신서 시리즈'를 비롯하여 청교도 작품들을 꾸준히 번역하여 출판하면서 청교도-개혁주의 출판사로 자리매김했습니다. 이후 '부흥과개혁사'에서 야심차게 '청교도 대작 시리즈'를 출간하였는데, 일반 독자들에게 청교도 대작 시리즈나 몇몇 책들은 다소 오르기 높은 산으로 여겨지기도 했습니다. 최근 '복 있는 사람'이 영국의 '진리의깃발사(The Banner of Truth)'에서 가독성 있게 새로 편집한 퓨리턴 페이퍼백(총 49권)을 '오늘을 위한 퓨리턴' 시리즈로 출간했지만, 그마저도 일곱 번째 책을 내고는 출판사의 사정으로 출간을 멈추었습니다.

청교도 작품의 중요성을 잘 알지만, 출판사들에게 청교도 작품은 상업적인 이유로 애증의 대상입니다. 요즘같이 사욕을 좇는 사람들의 가려운 귀를 시원하게 긁어 주는 가벼운 책들이 난무하는 시대에, 죄인들의 폐부를 깊숙이 찌르는 검과 같은 청교도들의 책은 결코 선호하는 대상이 아닙니다. 뿐만 아니라 그들의 방대한 성경 주해, 거기에서 이끌어 낸 교리, 교리에 대한 깊은 묵상, 그 묵상을 통한 다양한 적용은 즉석에서 조리해 먹을 수 있는 인스턴트식품이 아니라, 오랫동안 씹고 천천히 소화시켜야 할 단단한 고기와도 같습니다. 그러하기에 이런 책들을 지속적으로 출간하는 것은 대단한 용기가 아니고서는 어려운 일입니다.

이러한 때에 지평서원이 빌헬무스 아 브라켈(Wilhelmus à Brakel)의 『그리스도인의 합당한 예배』(*The Christians Reasonable Service*)를 출간한 이후 오랜 침묵을 깨고 청교도 책을 다시 출간하게 된 것을 기뻐하며 축하하는 마음을 전합니다. 본 서를 번역하는 동안 다른 누구보다도 저 자신이 청교도의 학식과 혜안, 열정과 경건, 인내의 높이와 깊이와 넓이 앞에서 한없이 작아지는 것을 발견하며 큰 은혜를 받았습니다.

저는 이 책을 다음과 같은 이유에서, 역사적 청교도 개혁주의 신학과 교리와 그들의 삶에 관심을 가진 모든 독자들이 반드시 읽어야 할 책으로 추천합니다.

첫째, 조엘 비키와 마이클 리브스가 함께 이 책을 저술했습니다. 조엘 비키는 자타가 공인하는 바 현존하는 최고의 청교도 신학자이자 목회자입니다. 비키는 『청교도 신학의 모든 것』(*A Puritan Theology Doctrine for Life*, 부흥과개혁사 역간)을 포함하여 청교도와 관련된 책들을 무수히 저술하였고, 동시에 청교도 출판사를 운영하면서 청교도 저작을 보급하는 일에 힘을 쏟고 있습니다. 리브스는 『꺼지지 않는 불길』(*The Unquenchable Flame*, 복 있는 사람 역간)을 비롯하여 종교개혁과 청교도에 관한 서적을 다수 저술한 영국의 신학자이자 역사가입니다. 이들은 청교도의 역사와 신학과 실천에 대해 누구보다도 전문가들입니다.

둘째, 이 책은 매우 포괄적입니다. 이 책은 총 7부로 구성되어 있는데, 1부에서는 청교도를 정의하고, 2부에서는 주요 청교도 목사들 9명의 생애와 신학을 조명합니다. 그리고 3-7부에서는 청교도 교리와 실천들, 즉 삼위일체 하나님의 구원 사역, 구원론, 교회론, 일상 생활, 종말론에 이르기까지 청교도의 역사와 생애와 교리와 실천을 모두 다룹니다. 특히 2장 청교도주의 이야기에서는 200여 년이나 되는 청교도의 역사를 단 몇 쪽으로 요약하는데, 종교개혁과 17

세기 청교도의 역사를 가장 쉽게 이해할 수 있는 최고의 장이라 할 수 있습니다. 그 어디서도 청교도주의 운동을 이렇게 깊이 있고도 단순하게 정리한 것을 찾아보지 못했습니다.

셋째, 이 책은 청교도의 기본 교리들을 가장 단순하고도 심오하게 제시합니다. 그 예로, '하나님과의 교제'를 다루는 15장을 들 수 있습니다. 여기서는 이 교제가 무엇보다도 삼위일체적이며, 성부 하나님과의 교제의 본질은 사랑이고, 성자 하나님과의 교제의 본질은 은혜이며, 성령 하나님과의 교제의 본질은 위로라고 말합니다. 다시 말해, 신자는 성부의 사랑과 성자의 은혜와 성령의 위로를 통해 삼위일체 하나님과 교제한다고 서술합니다. 이보다 더 단순하면서도 심오한 진술이 어디에 있습니까? 다른 모든 주제들 역시 마찬가지입니다. 어느 것 하나 버릴 문장이 없을 만큼 심오하고도 단순합니다.

마지막으로, 이 책에서는 그런 심오한 내용을 어린이들조차 읽고 소화할 수 있을 만큼 매우 쉽게 서술합니다. 이것이야말로 이 책의 가장 큰 장점이라고 할 수 있습니다. 독자들은 이 책을 안내서로 삼아, 더 깊은 청교도의 바다를 항해할 수 있게 될 것입니다. 또한 본 서의 어느 부분을 펼치든 청교도들이 주는 단순함과 심오함을 통해 깊은 혜안을 얻게 될 것입니다.

비록 청교도들에게 여러 가지 부족한 점들이 있었지만(본 서 42장 참고), 그들은 '그 책(성경)의 사람들'이었으며, 그리스도 중심적이고도 경건했으며, 마음과 지성과 삶의 개혁을 실천하였습니다. 부디 본 서를 통해 한국 교회에 진정으로 청교도적인 개혁이 일어나기를 소망합니다.

지은이 머리말

하나님은 갈렙이 하나님을 온전히 따랐다고 두 번이나 말씀하셨습니다. 40년의 광야 생활 이전에 한 번, 그리고 그 이후에 한 번입니다(민 14:24; 수 14:14 참고). 하나님의 은혜로, 갈렙은 사는 모든 날 동안 하나님을 온전히 따를 수 있었으며, 이는 그에게 전가된 그리스도의 의의 열매였습니다.

하나님을 온전히 따른다는 것은 다음 네 가지를 의미합니다.

• 끊임없이

바로 갈렙이 그러했습니다. 갈렙은 단지 상황이 좋을 때에만 하나님을 따르지 않았습니다. 그는 광야에서 지내는 40년 동안 투덜거리는 반대자들에게 둘러싸여 있으면서도 넘어지지 않았습니다. 갈렙은 끊임없이, 끈기를 가지고, 인내하며, 흔들리지 않고, 때를 얻든지 못 얻든지(상황이 좋든지 나쁘든지, 딤후 4:2 참고) 하나님을 따르기로 결심했습니다. 그로 인해 동료들에게서 배반을 당하더라도 말입니다.

• 희생하며

하나님을 신실하게 따른다는 것은, 곧 하나님께서 거룩하고 미쁘며 사랑스럽고 경배받기에 합당하신 분이므로 어떤 희생이 요구되더라도 마음을 다해 하나님을 따른다는 것을 의미합니다. 그것은 하나님을 위해 기꺼이 모든 것을 희생하리라 각오하는 것을 뜻합니다. 바로 갈렙이 그러했습니다. 갈렙은 죽기까지 자신의 생명을 아끼지 않았습니다. 이스라엘 백성들이 가나안 땅을 치러 올라가자고 말한 갈렙을 돌로 쳐 죽이려 할 때조차도, 갈렙은 위축되거나 타협하거나 협상하지 않았습니다. 갈렙은 하나님께 불순종하느니 차라리 죽기를 택했습니다.

• 일관되게

갈렙은 하나님의 계명 중 순종하기 쉬운 것을 선택하여 지킨 것이 아니라, 주님께서 자신에게 하신 말씀이라면 무엇이든 지키려 했습니다. 갈렙은 부분적으로 순종하거나 머뭇거리지 않고, 일관되고도 완전하게 순종하였습니다. 갈렙은 모든 삶을, 특별하고도 특정한 부분들까지 포함해 온전히 하나님께 헌신했습니다. 청교도들과 마찬가지로, 갈렙은 하나의 계명에는 하나님의 전체 계명이 요약되어 있다고 믿었습니다. 그래서 계명 하나를 어기는 것은 모든 계명을 어기는 것과 마찬가지입니다(약 3:2 참고). 갈렙은, 전체 계명에 대체로 동의하면서도 순간적인 부주의나 불순종에 대해 변명하는 사람이 아니었습니다. 그는 그 당시 자신에게 부여된 특별한 의무를 철저히 수행했습니다.

• 철저하게

광야에서 40년 동안 방황한 이후에, 그리고 가나안 족속과 맹렬한 전투를 치른 이후에, 갈렙은 여호수아 14장 14절이 증언하는 것처럼 '이스라엘의 하나님 여호와를 온전히 좇았으므로' 상을 받았습니다. 성경은 갈렙이 그 모든 시험과 고난과 유혹을 통과한 후에도 평생 다른 신을 두지 않고 오직 여호와 하나님을 온전히 따랐다고 묘사합니다. 갈렙은 자신의 인생을 낭비하지 않았으며, 오직 철저하게 하나님만을 위해 살았습니다. 은혜로 말미암아 갈렙은 온전히 그의 하나님을 위해, 그의 하나님으로 말미암아, 그의 하나님의 영광을 위해 살았습니다.

청교도들에게는 비록 결함도 있었으나, 그들은 하나님 앞에서 모든 삶 가운데 하나님을 온전히 따른 갈렙(그리고 여호수아)처럼 살아가려고 분투했습니다. 갈렙과 마찬가지로, 그들 역시 인간이 지닌 많은 연약함으로 괴로워하는 평범한 사람들이었습니다. 그러나 그들은 믿음의 사람이었습니다. 바로 이것이 그들을 다른 사람들과 구별되게 만들었습니다. 갈렙과 여호수아, 그리고 청교도들을 그들의 동시대 사람들과 구별시킨 것은, 바로 의롭다함을 받아 구원에 이르게 하는 믿음이었습니다. 우리도 이 믿음을 가지고 살아야 하며, 이 믿음으로 두렵고도 떨림으로 구원을 이루어야 합니다. 은혜로 말미암아 그들은 여호와 하나님을 끊임없이, 희생을 각오하고서, 일관되게, 철저히 따랐습니다. 이 책의 제목은 이런 이유에서 기인합니다.

이제 청교도 이야기의 개론이 이어집니다. 이 이야기는 그들의 삶, 하나님 아버지에 대한 그들의 믿음, 예수 그리스도를 중심에 두는 그들의 강조점, 그리고 성령으로 말미암은 그들의 성화를 소개합니다. 이 책은 그리스도의 신부인 청교도들의 면사포를 젖히고, 그들이 어떻게 일상을 살았는지를 보여 줍니다. 이 책은 갈렙을 닮은 청교도들의 확신 및 그들의 연약함을 통해 우리가 무엇을 배울 수 있는지를 가르쳐 줍니다.

아주 작은 44개의 장들로 이루어진 청교도 개론의 세계에 오신 것을 환영합니다. 하나님께서 이 책을 조금이라도 사용하셔서, 우리로 하여금 갈렙과 청교도들을 조금 더 닮아 그들처럼 그리스도를 온전히 따르게 하여 주시기를 기도합니다(고전 11:1 참고).

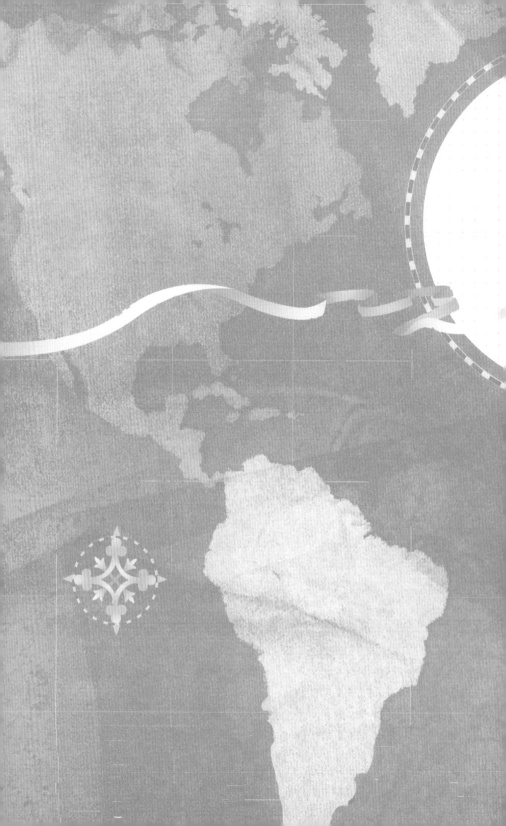

1부

청교도는 누구인가?

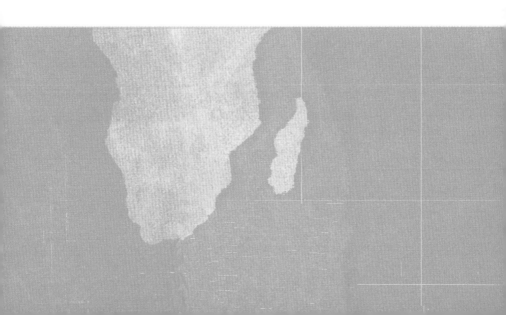

1. 청교도주의의 신화와 기초

오늘날 청교도에 대한 인식은 다음과 같은 표현들에서 잘 드러난다.

"얼어붙은 선택"

"누군가가 어떤 곳에서 행복할까 봐 두려워 겁에 질린"

"식초와 소금에 절인 오이지 물로 세례를 받은"

'청교도(Puritan)'와 '청교도적인(Puritanical)'이라는 말들은 즐거운 활동을 멀리하는 엄격한 이들을 가리키는 속어로 사용되곤 한다.

실제로 '청교도'라는 단어는 16세기에 비아냥거리는 욕설로 만들어졌다. 당시 영국인들은, 한편에는 로마 가톨릭의 '교황주의자들'이 있고, 다른 한편에는 '엄격주의자' 또는 '청교도'가 있다고 생각했다. 여기서 '청교도'란 사소한 일에 트집을 잡고, 자신들을 나머지 다른 사람들보다 더 정결하게 여기며 고결한 척하는 무리를 가리켰다. 그러나 이런 설명과 묘사는 분명히 옳지 않다. 이렇게 묘사된 이들이 그들 자신의 죄성과 불완전성에 대해 끊임없이 증언했던 것을 보면, 그들이 결코 스스로를 거룩하게 여기지 않았음을 알 수 있다.

그렇다면 청교도는 누구인가? 존 밀턴(John Milton)은 청교도를 가리켜 "종교개혁을 개혁하는" 자들이라고 말했다. 아마도 이것이 청교도를 가장 정확하게 묘사하는 말일 것이다. 바로 이것이 모든 청교도들의 통일된 목적이었기 때문이다. 가시적 교회와 교회 구성원들의 삶, 그리고 그들의 사회를 계속 개혁해가는 것이 바로 청교도들의 목적이었다. 청교도들은 교회와 자신의 삶에서 정결하게 되어야 할 부분들을 계속 개혁해 나가고자 했다. 청교도들은 솔직히 지상에서 종교개혁이 종결되고 완성될 수 있으리라 생각하지 않았으며, 지속적으로 종교개혁을 단행하고자 했다.

올곧지만 혐오스러운?

청교도 이야기를 시작하기 전에, 청교도가 누구인지를 올바로 이해하고 싶다면, 무엇보다도 그들에게 덮어씌운 흙탕물을 씻어 내야 한다.

먼저, 청교도들은 오늘날 우리가 생각하는 것처럼 진부하고도 틀에 박힌 사람들이 결코 아니었다. 우리는 청교도들이 항상 검은 옷을 입고 사람들을 노려보았을 것이라고 상상한다. 당시 청교도의 초상화들이 그렇게 그려진 데는 이유가 있다. 검은 옷이 주일에 가장 합당한 의복으로 여겨졌으며, 초상화를 그리기 위해 의자에 앉아 있는 일이 즐거움과는 거리가 먼, 공식적인 업무 중 하나였기 때문이다. 그러나 주중의 다른 날에 청교도들은 매우 다양한 색상의 옷을 입었다. 가장 위대한 청교도 신학자로 손꼽히는 존 오웬(John Owen)은 당시 유행을 따라 "머리에 화장 파우더를 바르고 하얀색 면이나 마로 끈과 리본을 만들어 매었으며, 벨벳 자켓을 입고 리본으로 장식된 허리띠를 무릎까지 늘어뜨린 채, 발목 윗부분을 천으로 장식한 스페인식 가죽 부츠를 신고" 옥스퍼드(Oxford) 거리를 걸어 다녔다.

또한, 청교도들은 습관적으로 뚱한 표정을 짓는 사람들도 아니었다. 이에 관해 에드먼드 모건(Edmund Morgan)은 다음과 같이 말했다. "대중적인 견해와는 반대로, 청교도들은 금욕주의자들이 아니었다. 그들은 타락한 인간이 피조물을 오용하여 헛되게 만들어 버리는 것을 경고했지만, 종교적 고행을 위해 거친 셔츠를 입거나 마르고도 딱딱한 음식 먹는 것을 칭송하지 않았다. 청교도들은 좋은 음식, 좋은 음료, 아늑한 위로를 선호했다."[1] 그리고 오웬에 관한 묘사에서 잘 드러나듯이, 청교도들은 그들의 재정 형편과 지위에 맞추어 좋은 옷을 잘 입을 줄 아는 사람들이었다.

성경의 사람

오늘날 청교도를 오해하게 만드는 가장 중요한 특징은 오히려 그들을 진정으로 하나로 묶는다. 곧 청교도들이 하나님의 기록된 말씀인 성경과 성경을 연구하는 일, 성경을 신실하고도 온전하게 강해하는 설교 듣는 일을 뜨겁게 사랑했다는 것이다. 바로 이것이 청교도들의 신앙과 사상과 가르침과 예배와 일상생활의 토대였다.

거듭 말하지만, 청교도들은 좋고도 알찬 설교를 듣기 위해 기꺼이 몇 시간을 이동했으며, 저녁에 흥청망청 노는 일보다 훌륭한 성경 공부를 훨씬 좋아했다. 설교는 일반적으로 한 시간이나 그 이상으로 이어졌으며, 종종 두 시간이 넘는 경우도 있었다. 청교도주의의 산실인 케임브리지(Cambridge)의 임마누엘 칼리지(Emmanuel College)에서 보기 드물게 장수한 학장인 로렌스 채더턴(Laurence Chaderton, 1536-1640)은, 두 시간 동안 줄곧 설교한 일에 대해 회중에게 사과했다. 그러나 회중은 다음과 같이 외쳤다. "선생님, 하나님의 영광을 위하여 계속

---

1) Edmund Morgan, *The Puritan Family: Religion and Domestic Relations in Seventeenth-Century New England* (New York: Harper & Row, 1966), 16.

해 주세요. 계속 설교해 주세요."

하나님의 말씀인 성경을 흥미진진하게 읽거나 말씀 설교를 들어 본 적이 없는 사람들은 이런 행동을 가장 좋게 말해 지루하게, 또는 가장 나쁘게 말해 정신이 나간 것처럼 볼 것이다. 약 천 년 동안 유럽 사람들에게는 모국어로 된 성경이 없었다. 그런 그들에게 하나님의 말씀을 읽을 수 있다는 것은, 그리고 그 안에서 하나님이 인간의 거룩한 의도나 선행에 기초하지 않고 전적으로 하나님의 은혜로 말미암아 죄인을 구원하신다는 복된 소식을 들을 수 있다는 것은, 마치 종교적 죄책감과 인간적 비참함으로 가득한 어둡고도 어스름한 세상에 영광스러운 태양 빛이 비치는 것과 같았다.

성경을 향한 청교도들의 사랑, 즉 그들이 성경을 읽고 듣고 연구하고 암송하고 노래하고 토론하고 살아 내고 그 안에 내재한 성령의 능력 즐기기를 좋아했다는 사실을 이해하지 않고서는 청교도 자체를 이해할 수 없을 것이다. 청교도인 리처드 그린햄(Richard Greenham)은 성경을 읽는 여덟 가지 방법으로 근면함, 지혜, 준비, 묵상, 토의, 신앙, 실천, 그리고 기도를 제시했다.[2]

청교도들은 하나님의 책에서 발견한 것들을 모두 모아 삶의 전 영역에 적용했다. 그들은 모든 책 중의 책인 거룩한 성경을, 온 우주의 하나님께서 아버지로서 인격적으로 그들에게 말씀하시는 책이며 그들의 구세주로서 위로하시는 책이요 그들을 거룩하게 하는 주로서 인도하시는 책으로 주시되, 영원까지 믿을 수 있는 진리의 말씀으로 주셨다고 믿었다. 청교도들은 그들에게 주어진 성경 66권 전부를 성령의 도서관으로 여겼고, 예수 그리스도를 통하여 그들의 마음을 새롭게 하고 삶을 변화시켜 하나님께 영광 돌리게 하는 능력이 부여된 말

---

2) Richard Greenham, "A Profitable Treatise, Containing a Discourse for the Reading and Understanding of the Holy Scriptures," in *The Works of the Reverend and Faithfull Servant of Jesus Christ*, M. Richard Greenham, ed. H.[enry] H.[olland] (1599; repr., New York: Da Capo, 1973), 389-397.

씀으로 보았다.

청교도들은 신자들에게 말씀을 중심으로 믿고 행할 것을 촉구했다. 리처드 백스터(Richard Baxter)의 책『기독교 생활지침』(Christian Directory, 부흥과개혁사 역간)을 보면, 청교도들이 인간의 모든 삶에서 성경을 얼마나 신뢰할 만한 인도자로 여겼는지가 잘 드러난다. 모든 사례와 경우들에서 양심은 성경의 가르침을 따라야만 한다. 이에 관해 헨리 스미스(Henry Smith)는 다음과 같이 말한다. "우리는 항상 하나님의 말씀을 규칙처럼 우리 앞에 두고 성경이 가르치는 것 외에 다른 것을 믿지 않으며, 성경이 규정하는 것 외에 다른 것을 사랑하지 않고, 성경이 금지한 것 외에 다른 것을 미워하지 않으며, 성경이 명령하는 것 외에 다른 것을 행하지 않아야 한다."[3]

만일 당신이 청교도들의 작품을 정기적으로 읽는다면, 성경 중심적인 그들의 삶에 물들게 될 것이다. 성경에 관한 그들의 주석이 비록 학문적으로는 최종적인 권위를 가지지 않을지라도, 후대의 많은 작품들에 비해 청교도들의 작품들은 우리가 성경 진리에 어떻게 온 마음으로 맹약해야 하는지를 더욱 잘 가르쳐 준다. 청교도들처럼 당신도 살아 있는 책을 믿는 신자가 될 것이며, 다음과 같은 존 플라벨(John Flavel)의 말에 동의하게 될 것이다. "성경은 가장 훌륭한 삶의 방식을, 가장 고상한 고난의 방식을, 그리고 가장 평안한 죽음의 방식을 우리에게 가르쳐 준다."[4]

청교도들은 성경을 자신의 생명보다 훨씬 더 소중하게 여겼다. 청교도와 관련해 매우 잘 알려진 일화가 있다. '포효하는' 설교자 존 로저스(John Rogers)가 영국 동부의 데덤(Dedham)이라는 작은 마을에서 설교하고 있을 때의 일이다.

---

3) Henry Smith, "The True Trial of the Spirits," in *The Works of Henry Smith* (Stoke-on-Trent, U.K.: Tentmaker Publications, 2002), 1:141. 다음을 참고하라. Westminster Confession (14.2).
4) 다음 작품에서 인용. Charles H. Spurgeon, *The Treasury of David* (Pasadena, Tex.: Pilgrim Publications, 1983), 6:41.

존 하웨(John Howe)는 이와 관련된 토마스 굿윈(Thomas Goodwin)의 회상을 다음과 같이 기록한다.

이 설교에서 그(로저스)는 회중들이 성경을 소홀히 여기는 것에 관해 충고합니다(우려스럽게도, 나는 오늘날 성경이 더 소홀히 여겨진다고 생각합니다). 로저스는 하나님인 것처럼 연기하면서 회중에게 말했습니다. "나는 너희에게 오랫동안 성경을 주었다. 그런데 너희는 내 성경을 업신여겼다. 성경은 먼지가 수북이 쌓이고 거미줄이 처진 채로 너희 집 한구석에 놓여 있다. 너희는 관심을 가지고 성경을 들여다보지 않는다. 너희가 내 성경을 그렇게 취급한다면, 이제 더는 내 성경을 가지지 못하게 될 것이다."

그러고 나서 로저스는 마치 성경을 그들에게서 멀리 가져가 버리려는 것처럼, 자신의 자리에 있는 성경을 들고 밖으로 나가는 동작을 취했습니다. 그러다가 곧바로 돌아서서, 이번에는 하나님 앞에 서 있는 사람인 것처럼 연기하면서 무릎을 꿇고 울며불며 간절히 외쳤습니다. "주님, 주님께서 우리에게 무슨 일을 행하셔도 좋으니 성경만큼은 가져가지 마옵소서. 우리 자녀를 죽이시고, 우리 집을 불태우시고, 우리 소유를 없애 버리셔도 좋습니다. 그러나 오직 성경만은 우리에게 남겨 주옵소서. 주님의 성경을 멀리 가져가지 마옵소서."

그는 또다시 하나님으로 분하여 회중을 향해 이렇게 말했습니다. "정 그렇다면 너희를 위해 기회를 주겠다. 여기 나의 성경이 있다. 너희가 이 성경을 어떻게 대하는지 볼 것이다. 성경을 사랑하는지, 성경을 더욱 귀중하게 여기는지, 성경을 더욱 주의 깊게 살피는지, 성경 말씀을 더욱 실천하려 하는지, 그리고 성경대로 살려 하는지를 살펴볼 것이다."

이렇게 함으로써……로저스는 모든 회중을 평생 한 번도 겪지 못한 상황으로 이끌었습니다. 이곳은 실로 보김5)이었습니다. 거의 모든 회중이 눈물을 흘렸습니다. 또한 로저스는 자신이 밖으로 나가 말을 타고 집으로 돌아가려 했을 때, 한동안 말의 목을 붙잡고 기쁨의 눈물을 흘린 후에야 말안장으로 올라갈 수 있었다고, 나에게 말했습니다. 성경을 홀대한 것에 대한 충고로 말미암아 로저스에게, 그리고 회중들에게 매우 특별한 감동이 임했던 것입니다.6)

청교도들에게 성경은 그야말로 이 세상에서 얻을 수 있는 가장 소중한 보물이요 믿음과 삶의 가장 확실한 토대였다. 이런 인식 없이는 앞에 언급한 굿윈의 설명을 이해할 수 없을 것이다. 청교도들은 하나님의 기록된 말씀 속에서 유일한 길이요 진리요 생명으로 계시된, 하나님의 살아 있는 말씀이신 그리스도 예수를 발견했다(요 14:6 참고). 청교도주의는 성경이라는 가장 권위 있는 기준을 따라 예수 그리스도 안에서, 또한 그분을 통해서 삶의 모든 영역을 개혁하고자 했다.

---

5) 역자주 - '통곡하는 자들'이라는 의미를 지닌 지역으로, 벧엘과 실로 사이에 있는 길갈에 위치한다. 하나님의 사자가 이곳에 나타나, 하나님의 백성들이 언약에 신실하지 않았기 때문에 하나님도 그들의 대적을 쫓아내지 않겠다는 경고를 전했다(삿 2:1-3 참고).

6) John Howe, "The Principles of the Oracles of God. In Two Parts," in *The Works of the Rev. John Howe, M.A. Complete in One Volume* (London: Henry G. Bohn, 1846), 1085.

2. 청교도주의 이야기

청교도주의는 16세기 잉글랜드의 종교개혁이라는 충격파의 한복판에서 태어났다. 헨리 8세(1509-1547년 통치)는 통치 말기에 영국 국교회와 로마 가톨릭을 묶고 있던 관계를 끊었고, 영국 국교회는 더 이상 로마 가톨릭적이지 않았다. 다시 말해, 영국 교회는 이제 로마 교황에게 복종할 필요가 없어졌다. 그렇다고 해서 개신교적으로 바뀐 것도 아니었다. 적어도 예배와 교회 정치에 관한 한 그러했다. 루터와 마찬가지로, 초기 성공회(영국 국교회)는 종교개혁 이전의 예배 예전을 많이 사용했으며, 교회 정치 역시 왕을 최고 통치자로 인정한 것 외에 여전히 변화되지 않은 채로 남아 있었다.

헨리 8세의 아들이자 계승자인 에드워드 6세(1547-1553년 통치)는 교회를 계속 개혁하여 명확하게 개신교회로 바꾸었다. 그러나 에드워드가 일찍 세상을 떠나고 가톨릭교도인 이복동생 메리(1553-1558년 통치)가 왕위를 계승하는 바람에, 에드워드의 추가 개혁은 갑작스럽게 중단되었다. 메리는 모든 개혁을 없던

일로 만들었고, 시계를 20년 전으로 되돌려 잉글랜드를 도로 로마 가톨릭 국가로 만들어 버렸다. 그러나 메리 역시 갑자기 사망했고, 정치적으로 기민했던 이복동생 엘리자베스(1558-1603년 통치)에게 왕위를 물려주어야 했다. 엘리자베스는 잉글랜드를 연합시키고 개신교 국가로 만들고자 했다. 그래서 그녀는 자신만의 독특한 개신교주의 사상을 토대로 하는 영국 교회를 수립했다.

잉글랜드와 뉴잉글랜드에서 진행된 다양한 청교도주의의 역사

모든 개신교도들은 로마로부터 잉글랜드를 되찾은 것을 기뻐했다. 그러나 머지않아 청교도라고 불릴 사람들은 엘리자베스가 왕실 법령으로 제정한 교회에 만족할 수 없었다. 청교도들은 교회에 더욱 선한 개혁이 필요하다고 생각했기 때문이다.

엘리자베스는 자신이 여왕이 되어 잉글랜드의 종교 문제를 해결한 것이나 다름없다고 생각했다. 그녀에게 잉글랜드는 이제 개신교의 국가였고, 영국 국교회 역시 필요한 만큼 개혁되었으므로 더 이상의 개혁이 필요 없어 보였다. 반면 청교도들이 보기에 '엘리자베스식의 해결(주로 개신교적이지만 철저하게 개신교적이지는 않은)'은 가시적인 교회가 하나님의 말씀에 따라 계속 개혁되어 가야 한다는 개신교의 근본적인 신념에 전적으로 반하는 것이었다.

당시 이것은 그저 주일날 무엇을 보고 듣느냐 하는 문제가 아니었다. 인구의 대다수가 오직 믿음으로 말미암는 칭의 교리를 거의, 또는 전혀 이해하지 못했으며, 따라서 청교도들은 종교개혁이 완성되었다고 생각하지 않았다. 이 점에 대해서는 더 말할 필요조차 없었다. 교회가 기능하는 방식을 개혁하는 것만으로는 충분하지 않았다. 종교개혁은 단순히 외적으로 개신교주의를 성취하는 것이 아니라 내적으로 진심에서 우러나오는 신앙과 삶을 성취하고 개인의 삶을 변화시키는 것이었다.

청교도들은 엘리자베스 여왕 및 그녀를 따르는 성직자들과 수십 년간 투쟁하였으며, 엘리자베스의 계승자인 스코틀랜드의 제임스 6세가 잉글랜드의 왕위를 이어받기를 갈망했다. 그리고 결국 그가 국왕 제임스 1세(1603-1625년 통치)가 되었다. 제임스 1세는 자라는 동안 칼빈주의자이자 장로교도로서 교육을 받았다. 그러나 제임스 1세는 혹독하게 순종을 요구하는 청교도 목사들에게 엘리자베스만큼이나 실망하게 되었다. 게다가 상당히 많은 청교도들이 분리되어 일부는 영국 국교회를 떠났고, 또 다른 이들은 아예 잉글랜드를 떠나 버렸다.

결국 1620년, 신앙의 자유를 열망하는 이들은 메이플라워(Mayflower) 호를 타고 신세계를 향해 떠났다. 이스라엘이 애굽의 압제를 피해 떠났던 것처럼, 경건한 백성들은 억압을 피해 잉글랜드를 떠났다. 이스라엘처럼 청교도들도 약속된 자유의 땅을 찾고 있었다. 그리하여 청교도들은 바로 그곳에 뉴잉글랜드를 세우고, 새 예루살렘을 건설하고자 했다. 그들은 그곳에서 과거의 족쇄를 벗고 완전히 개혁된 사회를 만들고자 했다. "산 위에 있는 동네"요 세상의 등대를 세우고자 하였다. 이윽고 수많은 사람들이 너무나 매력적인 이 소망을 함께 품고 따르게 되었다.

다시 잉글랜드로 돌아가 보자. 상황은 더욱 나빠져 갔다. 제임스의 아들인 찰스 1세(1625-1649년 통치)는 너무나 분명하게 반(反)청교도적인 의제를 더욱 강하게 밀어붙였다. 이런 정치적이고도 종교적인 긴장이 고조되다가 급기야 잉글랜드는 시민전쟁에 휩싸이게 되었다.

이런 격동의 시기에 하나님의 섭리 가운데 100여 명이 넘는 청교도 목사들과 지도자들이 의회의 명령을 받아 국가 교회의 신앙고백을 수정하기 위해 웨스트민스터 사원에 모였다. 그들은 옛 신앙고백을 대체할 새로운 신앙고백서 초안을 작성하기로 결의했다. 그리하여 웨스트민스터 대요리문답과 소요리문답, 웨스트민스터 신앙고백서가 청교도 신학의 교리적 표준이 되었고, 이후 수

백만의 장로교인들에게도 동일하게 교리적 표준으로 자리매김하게 되었다.

한편, 찰스 1세는 전투에서 체포되어 반역죄로 재판을 받았고, 범죄자로 처형되었다. 그러고 나서 10년 동안 잉글랜드는 올리버 크롬웰(Oliver Cromwell)의 보호 아래 영연방 공화국이 되었고, 이는 청교도들에게 전례 없이 좋은 기회의 장이 되었다.

그러나 10년 후 백성들은 또다시 왕을 원했고, 그들이 처형했던 왕의 아들에게 왕위를 제안했다. 그렇게 왕이 된 찰스 2세(1660-1685년 통치)는 군주제를 부활시켰고, 복수의 일환으로 아버지가 주장했던 반(反)청교도 의제를 다시금 꺼내들었다. 감독교회 정치가 복원되었고, 개정된 공동기도서(the book of common prayer)가 시행되었으며, 목회자들에게 '기도서의 내용이 하나님의 말씀과 전혀 모순되지 않으며 교회에서 그것을 사용하겠다'고 선서하기를 강요했다.

그러나 반대자들은 항상 있어 왔다. 2천여 명의 목사들이 그렇게 행하기를 거부했고, 결국 1662년에 그들은 목회직에서 쫓겨났다. 또한 영국 국교회에 소속되지 않은 채 다섯 명 이상 모이는 종교집회('비밀집회')가 금지되었으나 많은 목사들이 이 법을 어겼다. 그 결과 핍박이 더욱 거칠어졌으며, 이후 20년 동안 2만여 명의 청교도들이 투옥되었다(그들 중 가장 유명한 인물은 존 번연[John Bunyan]이다. 그는 감옥에 갇혀 있는 동안 가장 유명한 청교도 고전인 『천로역정』[The Pilgrim's Progress]을 비롯하여 수많은 역작들을 집필하였다).

청교도주의의 몰락

얼마 후에 영국 국교회를 따르는 자들만이 대학에 들어갈 수 있다는 법이 제정되었다. 청교도주의를 따르는 이들에게 재앙과도 같은 일이었다. 특히 옥스퍼드 대학(Oxford University)과 케임브리지 대학(Cambridge University)은 청교도들의 신학교이자 훈련의 장이었기 때문이다. 이 대학들에서 다음 세대를 훈련할 수 없게 되자 신학 수준이 높은 이들이 점점 사라져 갔다. 청교도주의는 말씀(무엇보다도 하나님의 말씀)을 중요시하는 운동이었는데, 그들이 한때 누렸던 높은 수준의 교육을 받는 일이 점점 어려워지자 청교도 운동의 근육이 점점 힘을 잃어 갔다.

학문적인 강렬함을 잃어버리자, 성경이라는 정박지에 묶여 있던 청교도주의의 강한 연대가 약해졌다. 그렇게 수년의 시간이 흐르면서, 그들은 선조들이 따랐던 삼위일체 교리 같은 기독교의 기본 교리들에 대한 신앙을 벗어나 표류하고 말았다. 이 일은 매우 점진적으로 진행되었다. 처음에는 독립파와 침례주의로 분열되고, 그다음에는 알미니안주의와 유니테리언주의로 빠져 버리고, 더욱이 윤리와 도덕이 정통 교리와 분리되는 등 점점 개혁주의 신앙을 배교하는 자리로 나아가게 되었다. '오직 믿음으로 말미암는 칭의 교리'는 '훌륭한 성품과 선행으로 말미암는 구원'에 자리를 내주게 되었다. 또한 청교도주의는 경건을 체면으로 대체해 버린 빅토리안주의로 전락했다.

청교도주의는 그렇게 서서히 죽어 갔다. 그래서 청교도 시대가 언제 종말을 고했는지를 확정 짓기란 어렵다. 청교도 시대에 대재앙이나 최후의 항전 같은 것은 없었다. 다만 수많은 목사들이 쫓겨나고 침묵을 강요당하고 억압당했으며, 그리하여 청교도주의라는 옛 운동은 지도자 없이 산산이 흩어지고 말았다. 그리고 그후 1700년 또는 그 직후에 이르기까지, 적어도 잉글랜드에서는 어느 누구도 '청교도'에 대해 말하지 않게 되었다. 어떤 이들은 조나단 에드워즈(Jonathan Edwards, 1703-1758)를 마지막 청교도로 꼽지만, 에드워즈는 청교도 시대 이후, 즉 청교도주의가 종말을 고한 이후에 태어났다.

그렇다 할지라도 실로 놀라운 일은, 청교도주의가 서서히 사라져 갔다는 것이 아니라 할 수 있는 한 최대한 오랫동안 지속되었다는 것이다. 교회 역사상 도대체 어떤 운동이 150년 동안이나 지속적으로, 이처럼 강렬하고도 포괄적이며 철저하게 거룩함을 추구했단 말인가? 아마도 이렇게 질문하는 편이 더 올바를 것이다. 청교도주의는 어떻게 그토록 오랜 시간 생명력 넘치는 단일한 운동으로 남을 수 있었던 것일까?

계속 전수된 청교도 전통

역사적으로 잉글랜드의 청교도주의라고 정의할 만한 운동이 종말을 고하는 동안, 청교도주의의 믿음과 생명은 온 세상에 강한 영향을 끼쳤다. 청교도주의의 정신과 영향력은 대영제국의 다른 지역들에까지 전파되었는데, 특히 스코틀랜드와 아일랜드의 장로교도와 언약도들에게로 퍼져 나갔다. 그리고 네덜란드에 이르러서는 '진전된 네덜란드 종교개혁 운동(Nadere Reformatie)'을 낳게 되었으며, 더 남쪽으로 내려가 독일 경건주의 운동에도 영향을 끼쳤다. 17세기 후반에 들어설 무렵, 장로교주의는 웨스트민스터 표준문서를 스코틀랜드와 아일랜드에서 북미로 전했고, 나중에는 전 세계에 전하였다.

훗날 청교도 정신은 1730,1740년대에 일어난 영적 대각성 운동을 통해 대대적으로 다시금 부상하였다. 그로부터 한 세기 반이 흐른 후, 찰스 스펄전(Charles Spurgeon)은 청교도 전통을 전하고 그 근본적인 확신을 수호하기 위해 목회자들을 교육하고 훈련시키는 일에 자신의 시간과 힘을 상당히 쏟아부었다. 그러면서도 그는 '마지막 청교도(The Last of the Puritans, Ultimus Puritanorum)'라는 이름으로 불리기를 겸손히 거절했다.

청교도주의의 이야기는, 1950년대 말 즈음 다시 유행하기 시작하여 오늘날에도 계속되고 있다. 지난 60년 동안 청교도 작품들 800여 권이 재출간되었고, 수많은 언어로 번역되어 전 세계로 퍼져 나갔다. 비록 성령의 은혜와 이끄심을 통해 생명을 주는 그 능력을 경험하는 이들이 상대적으로 많지는 않지만, 오늘날 청교도의 믿음과 정신은 전 세계에 건재하다고 할 것이다.

3. 청교도주의의 정의

청교도주의는 성경이라는 토대 위에 많은 것들을 세웠다. 청교도 학자들은 과연 무엇이 청교도주의의 핵심인지를 오랫동안 토의해 왔다.

청교도주의의 정수

'청교도' 또는 '청교도주의'의 의미는 지난 수년 동안 계속 변해 왔지만, 그 본질적 의미는 확실히 정해져 있었다. 20세기의 어떤 학자들은 예정 교리, 즉 '하나님께서 영원부터 주권적으로 은혜롭게 자기 백성을 구원하기로 예정하고 선택하며, 동시에 나머지 인류를 하나님의 주권과 공의에 따라 그들의 죄로 인해 간과하고 거절하기로 하셨다'는 가르침이 청교도의 정수라고 생각한다.[1] 또 다른 이들은 언약신학 또는 계약신학, 즉 '하나님께서 친히 타락한 사람들이 오

---

1) William Haller, *The Rise of Puritanism* (New York: Columbia University Press, 1938), 83.

직 하나님의 아들을 믿는 믿음으로 살면 그들을 백성으로 삼으시겠다 선언하고는 그 선언에 따라 항상 그들을 은혜언약으로 다루신다'는 교리가 청교도의 주요 가르침이라고 생각한다.[2] 한편 또 어떤 이들은 죄인이 스스로 만든 어둠에서 하나님의 놀라운 빛으로 옮겨 간다는 회심의 생각과 경험이 청교도주의의 정수라고 믿는다.[3]

리처드 호크(Richard M. Hawkes)는 다음과 같이 요약한다.

(영국의 청교도주의는) 본질적으로 언약신학과 예정과 개혁된 교회 예전을 강조하는 신학 운동이었는가? 아니면 하나님 앞에서 빼앗길 수 없는 양심의 권리, 곧 자연법에 따라 독립적인 권한을 행사하는 법정, 의회에 종속된 왕, 그리고 국가 권위의 기초가 되는 국민을 주장하는 정치적인 운동이었는가? 최근에 어떤 학자들은 세 번째 관점을 제시했다. 바로 회심과 경험적이고도 진심 어린 경건이 청교도주의의 정수라는 것이다.[4]

사실상 앞서 언급한 모든 관심사들이 청교도주의와 관련되어 있다. 오늘날 많은 학자들과 청교도 작품의 열렬한 독자들은 청교도를 선택적으로 읽는 잘못을 범해 왔다. 다시 말해, 청교도의 특정한 측면이나 시기에만 관심을 두거나, 청교도 작품을 대할 때 자신이 선호하는 강조점이나 주제에 초점을 맞추는 것이다. 그러나 모든 학자들은, 존 칼빈(John Calvin)에 대해 그가 자신의 모든 가르침을 성경에서 발견했는데 성경에 중요한 주제들이 많이 담겨 있으므로 그의 가르침을 한 가지 주제로 제한할 수 없다는 점에 동의하듯이, 전체 청교

---

2) Perry Miller, *Errand into the Wilderness* (Cambridge: Belknap Press, 1956), 48,49.

3) Alan Simpson, *Puritanism in Old and New England* (Chicago: University of Chicago Press, 1955), 2.

4) Richard M. Hawkes, "The Logic of Assurance in English Puritan Theology," *Westminster Theological Journal 52*, no. 2 (Fall 1990): 247.

도주의를 연구하면 할수록 동일하게 다음과 같은 결론에 도달할 수밖에 없음을 인정할 것이다. 즉, 청교도 가르침의 정수를 하나의 교훈이나 교리로 제한하기에는 그것이 너무나 성경적이며 포괄적이다.

청교도의 주된 강조점들

청교도 설교자들과 저자들은 성경이라는 확고한 토대 위에서 방대한 주제와 쟁점들을 발견하여 선포했다. 청교도 목사들이 설교와 저작들을 통해 일상적으로 진술하고 가르쳤던 주된 주제들을 몇 가지로 추려 볼 수 있다.

• 청교도들은 기독교 신학의 삼위일체적 측면을 강조하는 일에 열정적으로 헌신했다. 청교도들은 선택하시는 하나님의 은혜, 죽으심을 통해 나타난 예수 그리스도의 사랑, 그것을 죄인의 삶에 적용하시는 성령 하나님의 사역을 선포하는 일을 결코 지겨워하지 않았다. 그리스도인이 경험하는 매력적인 체험 자체는 청교도들에게 관심거리가 아니었다. 그들은 그들 안에서 역사하시는 하나님의 구원 사역을 추적하여, 성부와 성자와 성령 삼위일체 하나님께 영광 돌리기를 열망하였다.

• 종교개혁자들과 마찬가지로, 청교도들은 그리스도의 구속 사역이 교회를 중심으로 이루어진다고 굳게 믿었다. 청교도들은 "하나님께서 친히 참되신 하나님을 예배하는 합당한 방식을 제정하신다"고 믿었다. 즉, 교회의 예배는 "사람이 상상하여 만들어 내거나 고안해 낸 것"이 아니라, 오직 하나님의 계명에 따라 규정되어야 한다(웨스트민스터 신앙고백서 21장 1항 참고). 따라서 청교도들은, 말씀에 무언가를 더하거나 말씀으로부터 무언가를 제거해서는 안 되며, 신약성경에 제시된 예배의 원리만을 따라야 한다는 믿음으로 "예배의 규정적 원리"를 받아들였다.

청교도 목사들은 분명하고도 진지한 설교, 예전의 개혁, 교회의 권징에 초점

을 맞추었다. 그들은 교회를 다스리는 정치 또는 질서가 성경에 계시되어 있다
고 믿었으며, 교회의 참된 행복과 안녕이 바로 그 질서에 부합하는 삶과 사역
을 이끌어 내는 데에 달려 있다고 믿었다.

• 그리스도인 개개인에 관해, 청교도들은 바울이 말한 대로 사람이 하나님
앞에서 오직 그리스도를 믿는 믿음으로 의롭게 된다고 믿었으며, 개인적이고
도 포괄적인 회심을 강조했다. 그들은 "사람이 거듭나지 아니하면 하나님의 나
라를 볼 수 없느니라"(요 3:3)라고 하신 그리스도의 말씀을 믿었다. 그러하기에
청교도들은 복음을 설교하고 양심을 살피며 죄를 각성시키고 죄인을 회개와
믿음으로 초청하며, 그들을 그리스도께로 인도하고 그리스도의 방식으로 교육
시키는 일을 매우 탁월하게 감당했다.

동시에 청교도들은 야고보가 말한 대로 "행함이 없는 믿음은 죽은 믿음"(약
2:17)이라고 믿었다. 그러하기에 청교도들은 성경을 토대로 하여 그리스도인들
이 하나님 앞에서 자신의 내적 생명과 외적 행동의 측면에서, 그리고 세상 곧
가정과 교회와 일터와 사회라는 삶의 모든 영역에서 어떤 자세를 견지해야 할
지를 세심하게 설명하고 묘사하였다. 한 마디로 표현하면, 청교도들은 언약신
학자들이었다. 그들은 은혜언약을, 언약의 하나님으로부터 시작하여 언약 공동
체의 삶으로 표현되는 언약적 삶과 그 공동체의 사역 및 증언으로 주변 세상에
구현되는 커다란 전체로 보았다.

• 청교도들이 살던 시대의 위기는 '시민으로서의 삶'이라는 문제를 제기하
게 했다. 그리고 그들은 왕과 의회와 시민이 가지는 의무와 권세와 권리에 관
한 답을 성경에서 찾고자 했다.

청교도주의에 대한 결론적 정의
본 서에서 '청교도'라는 용어는 앞서 언급한 모든 종류의 관심사를 조합하는

의미로 사용된다. 그러하기에 우리가 정의하는 청교도주의에는, 통일령에 따라 1662년에 영국 국교회로부터 추방된 목사들뿐만 아니라, 교회를 개혁하고 정결하게 하고자 노력하며 회중을 개혁주의 은혜언약에 합당한 경건한 삶으로 인도하려 했던 목사들, 즉 엘리자베스 1세의 재위 때부터 1700년에 이르기까지 잉글랜드와 북미에서 활동한 모든 목사들의 시대가 포함된다.

피터 루이스(Peter Lewis)는 청교도주의가 다음과 같은 세 가지 필요에 따라 성장했다고 올바르게 말한다.[5]

① 성경적 설교와 건전한 개혁주의 교리 교육의 필요

② 신자의 믿음과 삶을 통해 일하시는 성령 하나님을 강조하는 성경적이고 도 개인적인 경건의 필요

③ 예전과 예복과 교회 정치에서 성경적 단순성을 회복하여 질서 있는 교회 생활을 통해 삼위일체 하나님을 그분의 말씀에 규정된 대로 예배해야 할 필요

요컨대, 청교도주의는 교리적으로는 일종의 열정적 칼빈주의이며, 경험적으로는 따뜻하고도 전파력 강한 경건이라 할 수 있었다. 또한 복음 전도적으로는 활동적이고 기민하면서도 부드러웠다. 교회적으로는 삼위일체 하나님 중심적이었고, 하나님을 예배하고 섬기는 일을 강조했다. 정치적으로는 성경적이고도 균형적이었으며, 왕과 의회와 백성들과의 상호 관계라는 측면에서는 하나님 앞에서 양심에 매인 바 되었다.

---

5) Peter Lewis, *The Genius of Puritanism* (Grand Rapids: Soli Deo Gloria, 2011), 11-15.

4. 오늘날 청교도를 왜 배워야 하는가?

청교도들은 우리가 이미 알고 있는 것 외에 가치 있는 무언가를 가르쳐 줄 수 있는가? 실제로 우리는 청교도들에게서 많은 교훈을 배울 수 있다고 생각한다. 그래서 이 주제를 두 장에 걸쳐 제시하고자 한다. 본 장에서는 긍정적이든 부정적이든 간에 그들의 가르침에서 중요한 국면들을 몇 가지 살펴볼 것이다. 그리고 다음 장에서는 청교도들의 삶의 방식에서 찾을 수 있는 중요한 국면들을 살펴보고자 한다.

진리를 어떻게 균형 있게 제시할지를 배우라

청교도들의 설교와 가르침은 어떻게 하면 성경적이고도 합당한 균형을 유지할 수 있는지를 가르쳐 준다. 그 두 가지 방법을 살펴보자.

첫째, 기독교의 객관적인 차원과 주관적인 차원을 모두 지켜 가는 것이다. 객관성은 주관성을 위한 자양분과도 같다. 따라서 주관성은 언제나 객관성에 뿌리내리고 있다. 예를 들어, 청교도들은 '신앙의 확신'이 '하나님의 약속들'에 뿌리내리고 있다고 진술한다. 그리고 이런 약속들은 주관적인 은혜의 증거들과 성령의 내적 증언을 통해 신자에게 점점 더 현실화되어야 한다. 이러한 성령의 적용하심이 없는 하나님의 약속은 사람을 속이고 육적인 기만으로 이끌 뿐이다. 다른 한편으로, 하나님의 약속과 성령의 조명하심이 없는 자기 반성이나 평가는 기껏해야 자기 성찰이나 영적 구속 또는 율법주의로 빠지게 만들 뿐이다. 즉, 객관적인 기독교와 주관적인 기독교는 서로 나누어질 수 없다. 곧 지성으로 이해하고 마음으로 믿는 진리로서의 기독교와 개인이 경험하게 되는 구원을 주시는 하나님의 능력으로서의 기독교는 결코 분리될 수 없다.

둘째, 하나님의 주권과 인간의 책임을 모두 견지하는 것이다. 청교도들은 대부분 하나님께서 전적으로 주권적이신 동시에 인간에게 전적으로 책임이 있다는 점을 강조했다. 이 두 가지가 어떻게 조화될 수 있느냐 하는 것은 우리의 유한한 지성을 초월하는 문제이다. 찰스 스펄전은 이 두 가지 위대한 성경의 교리들이 어떻게 조화될 수 있느냐는 질문에, 진정한 청교도의 후예답게 대답했다. "나는 그 친구들에게 조화가 필요한지 몰랐습니다."

스펄전은 이 두 교리들을 기독교라는 열차가 달리는 선로에 비유했다. 열차의 선로는 서로 평행하게 이어져 있으나, 멀리서는 하나로 합쳐진 것처럼 보인다. 이와 마찬가지로, 하나님의 주권과 인간의 책임에 관한 교리도 우리의 삶에서는 서로 나뉘어 있는 것처럼 보이지만, 영원 가운데서는 하나로 합쳐질 것이다. 청교도들은 진심으로 여기에 동의했다. 그들에 따르면, 우리의 사명은 우리 생애에서 그것들을 조화시키는 것이 아니라 균형을 유지하면서 그에 따라 살아가는 것이다. 우리는 우리의 기독교 신앙 안에서 하나님의 주권과 인간의 책임을 모두 옳은 것으로 믿으면서 살고자 분투해야 한다.

연합과 논쟁 사이에서 균형을 유지하는 법을 배우라

청교도들은 대부분 무엇이 근본적으로 중요한 것이며 무엇이 부차적인 것인지를 분명히 구별하였다. 예를 들어, 청교도의 아버지라고 불리는 윌리엄 퍼킨스(William Perkins)는 둘 중 어느 쪽을 선택해야 할지를 모르는 상황에 처한 영혼에게, 타협할 수 없는 진리를 위해 단호하게 싸우며 오류에 논박해야 한다고 말했다.

퍼킨스의 권위 있는 변증적 작품인 『개혁된 보편 교회』(*A Reformed Catholick*)에는 그에 관한 실례가 잘 나와 있다. 퍼킨스가 사역하는 동안 잉글랜드에는 아직 개신교가 완전히 정착되어 있지 않았다. 퍼킨스 당시에 잉글랜드는 수십 년 동안 로마 가톨릭 군주와 개신교 군주 사이를 왔다 갔다 했으며, 서민들은 아직 로마 가톨릭의 미신을 완전히 끊지 못하고 있었다. 뿐만 아니라 당시에는 외적인 위협도 있었다. 곧 로마 교회와 동맹을 맺은 정치적 대적이 존재했고, 종교개혁을 저지하기 위해 예수회 선교사들이 들어와 은밀히 활동하였다. 퍼킨스는, 어둠이 빛과 다른 것처럼, 로마 교회가 참된 기독교와는 다른 신앙을 가르친다고 보았다. 그는 사랑하는 조국의 미래가 결코 밝지 않음을 내다보았다. 그래서 그는 펜을 들어, 아직 로마 교회에 충성하는 영혼들을 구하고 조국의 백성들을 가르치기 위해 이 두 종교가 어떻게 다른지를 보여 주는 글을 쓰기 시작했다.

연합과 논쟁 사이에서 균형을 유지하는 일과 관련해, 퍼킨스는 오늘날 우리에게 두 가지 중요한 교훈을 준다. 첫째, 무엇보다도 우리는 절대로 가시적 교회를 경시하거나 쉽게 포기해 버려서는 안 된다. 둘째, 여러 가지 교리와 쟁점들에 관해 분명히 선을 그어야 할 때에는 반드시 본질적인 문제와 비본질적인 문제를 명확히 구분해야 하며, 싸울 가치가 있는 것과 관용을 베풀어야 할 것을 분별해야 한다. 퍼킨스는 성경에서 이런 경계를 찾고 그에 따라 살기 위해 분투한 인물로서 주목할 만하다.

어떻게 믿음으로 살아야 할지를 배우라

청교도들은 영혼 전체를 위하여 온전한 복음을 가르치고 강해하고자 노력했다. 그들은 성경에서 이끌어 낸 모든 교리들을 적용하기 위해 (그들의 표현대로 하자면) 실제적 '사용법(uses)'을 연구했다. 이 '사용법'은 그리스도의 왕국을 바라보는 여러분을 열정적이고도 효과적으로 이끌 것이다. 청교도들의 일상생활은 언약을 바라보는 시각에 따라 기독교 진리와 어우러졌다. 청교도들은 거룩함과 세속 사이의 이분법이 무엇을 의미하는지를 잘 알고 있었다. 그들의 작품은 의도적이고도 포괄적인 방식으로, 삶의 모든 영역에서 하나님을 중심에 두고 그분의 선물들에 감사하며 "주님께 거룩한 것으로 돌려 드리리라" 선언하는 데에 측량할 수 없이 도움이 될 것이다.

청교도들은 탁월한 언약신학자들이었다. 그들은 언약신학을 따라 살았다. 그들 자신뿐만 아니라 그들의 교회와 가정과 나라 전체가 하나님을 향한 언약도들이었다. 그러나 청교도들은 은혜언약이 개인의 회심을 대체한다고 여기는 극단적인 언약도가 아니었다. 청교도들은, 믿음 안에서 성숙하게 자라 가는 신자로서 그리스도 앞에서 전적으로 합당하게 살고 행동하는 포괄적인 세계관, 완전한 복음을 삶의 모든 측면에 적용하는 전인적인 접근법을 장려했다. 그들은 어떻게 기도하며 어떻게 참된 경건을 발전시킬 수 있는지, 어떻게 하나님의 영광을 위하여 기도하며 살아가야 하는지, 어떻게 가정 예배를 드려야 하는지, 그리스도를 위해 어떻게 자녀들을 양육해야 하는지 등 실제적인 주제들로 글을 썼다.

요컨대, 청교도들은 어떻게 하면 "이성적이고도 단호하며 열정적인 경건"을 함양할 수 있는지, 다시 말해 어떻게 하면 "강박적이지 않으면서도 양심적이고,

율법주의에 빠지지 않으면서도 율법 지향적이며, 부끄러운 방종으로 휘청거리지 않으면서도 기독교의 자유를 드러낼 수 있는지"를 가르쳤다.[1]

만일 당신이 실천적인 기독교와 활력 넘치는 경건을 키우고 싶다면, 리처드 스틸(Richard Steele)의 『정직한 사람의 특징』(*The Character of an Upright Man*), 조지 해먼드(George Hamond)의 『가정 예배의 실례』(*Case for Family Worship*), 코튼 매더(Cotton Mather)의 『괴로움에 빠진 부모를 위한 도움』(*Help for Distressed Parents*), 아더 힐더샴(Arthur Hildersham)의 『우리 자녀들이 저지르는 죄를 다루는 법』(*Dealing with Sin in Our Children*) 등과 같은 청교도 작품들을 읽어 보라.

---

1) J. I. Packer, *The Quest for Godliness: The Puritan Vision of the Christian Life* (Wheaton, Ill.: Crossway, 1990), 332-334.

5. 오늘날 청교도의 삶의 방식을 왜 배워야 하는가?

청교도의 가르침과 교리문답과 훈육은 목사들과 부모들과 교사들을 통해, 그리고 가정과 학교와 일터에서 나타나는 청교도의 모범적인 삶의 방식을 통해 대단히 강화되었다. 이런 삶의 방식은 그들을 "위대한 사상가, 위대한 예배자, 위대한 소망가, 그리고 위대한 영적 전사들"로 만든 몇 가지 경건 훈련을 통해 계발되었다.[1] 본 장에서는 청교도의 삶의 방식에서 발견되는 세 가지 측면, 즉 시련과 고통을 견디는 것, 교만을 책망하는 것, 동시에 두 나라의 시민으로서 살아가는 것을 고찰해 보고자 한다.

어떻게 시련을 견뎌 낼 것인가?

우리는 청교도들을 통해 고통이 필요하다는 것을 배운다. 고통은 우리를 낮

---

1) Packer, *The Quest for Godliness*, xii.

추고(신 8:2 참고), 죄가 무엇인지를 일깨우며(습 1:12 참고), 우리를 하나님께로 가까이 이끈다(호 5:15 참고). 로버트 라이튼(Robert Leighton)이 잘 썼듯이, "역경은 천국이 자신의 보석을 닦아 광을 내는 데 사용하는 다이아몬드 가루와 같다."[2] 청교도들은, 하나님께서 우리로 하여금 하나님의 의와 거룩하심에 참여하며 그리스도의 형상을 더욱 온전히 새기게 하기 위해 고난의 막대기를 수단으로 사용하신다는 사실을 잘 보여 준다(히 12:10,11 참고).

만일 여러분이 시련의 길을 통과하고 있다면, 윌리엄 브리지(William Bridge)의 『낙심한 자를 위한 회복』(A Lifting Up for the Downcast), 토마스 브룩스(Thomas Brooks)의 『하나님의 징계를 받을 때 침묵하는 그리스도인』(A Mute Christian under the Rod), 리처드 십스(Richard Sibbes)의 『꺼져 가는 심지와 상한 갈대의 회복』(The Bruised Reed and Smoking Flax, 지평서원 역간)을 읽으라.

이 책들은 모든 종류의 시련이 어떻게 여러분을 그리스도와 더 가까워지게 만드는지를 알려 주고, 믿음으로 행한다는 것이 무엇인지를 가르치며, 어떻게 이 세상을 멀리해야 하는지를 교훈해 준다. 토마스 왓슨(Thomas Watson, 1620-1686)은 "하나님께서 이 세상이 우리를 괴롭히지 못하도록 그것을 쉽게 빠지는 흔들리는 이빨처럼 매다실 것"이라고 썼다.[3]

또한 제레마이어 버로우스(Jeremiah Burroughs)의 『만족 그리스도인의 귀한 보물』(The Rare Jewel of Christian Contentment, 생명의말씀사 역간)을 읽으라. 이 책은 시련 가운데서 어떻게 자족할 수 있는지를 가르쳐 줄 것이다. 그리하면 여러분은 그 시련을 통해 거룩해질 것이며, 그리하여 이후 또다시 다른 이들과 사탄과 여러분 자신의 양심이 여러분을 뒤흔들더라도 오히려 그 모든 시련을 그리스도께로 가져가 그분께 구하고 성령의 일하심을 바라봄으로써, 다른 이

---

2) John Blanchard, comp., *The Complete Gathered Gold* (Darlington, England: Evangelical Press, 2006), 650.
3) Thomas Watson, *All Things for Good* (Edinburgh: Banner of Truth, 1986), 29.

들에게 영적으로 자족하는 본보기가 될 것이다.

어떻게 교만을 책망할 것인가?

청교도들은 교만을 어떻게 정복하는지를 보여 준다. 그들은 성경에서 가르치는 바 하나님께서 교만을 싫어하신다는 사실을 강조한다(잠 6:16,17 참고). 하나님은 교만한 자를 그의 마음으로 싫어하시고, 그의 입으로 저주하시며, 그의 손으로 심판하신다(시 119:21; 사 2:12, 23:9 참고). 교만은 하나님의 주된 적이다. 교만은 낙원에서 저질러진 첫 번째 죄였으며, 우리가 죽음을 통해 비로소 없애게 될 가장 마지막 죄이다. 조지 스윈녹(George Swinnock, 1627-1673)은 "교만은 영혼이 가장 먼저 입고 가장 나중에 벗는 셔츠"라고 말했다.[4]

교만은 독특한 죄이다. 다른 죄들은 우리로 하여금 하나님으로부터 멀리 떠나게 하지만, 교만은 하나님께 정면으로 맞서게 만든다. 헨리 스미스는, 교만이 우리의 마음을 하나님보다 높이 올려 하나님을 대적하게 만든다고 말했다. 교만은 하나님을 보좌에서 끌어내리고 자신을 그 보좌에 앉힌다.

청교도들은 자신들이 이런 죄에서 자유롭다고 생각하지 않았다. 조나단 에드워즈는 회심하고 나서 20년이 지났는데도 자신의 마음에 남아 있는, "바닥이 안 보이도록 무한히 깊은 교만"을 탄식하였다. 에드워즈는 교만의 복잡성을, 하나의 껍질을 벗기면 언제나 그 아래 또 다른 껍질이 나오는 양파에 비유했다.

청교도들은, 세상 사람들은 교만을 배양하지만 경건한 신자들은 교만에 대항하여 싸워야 한다고 가르쳤다. 코튼 매더는 비통하고도 혼란스러운 가운데 교만이 자신에게 가득했을 때에 주님 앞에서, "교만을 그리스도의 형상 및 은혜와는 반대되는 마귀의 형상으로, 하나님을 공격하고 성령을 근심시키는 것

---

4) 다음에서 인용. Thomas, *Puritan Quotations*, 224.

으로, 두드러지게 뛰어난 것이 전혀 없고 그 본성상 타락한 존재일 뿐인 인간에게 가장 합당하지 않은 어리석음과 광기로 여기려고 노력했다"라고 말했다.[5]

그렇다면 우리는 어떻게 교만과 싸워야 하는가? 청교도들은 몇 가지 전략을 제시했다. 첫째, 수치를 당한 겸손하신 그리스도와 교만한 그리스도인이 얼마나 대조되는지를 생각해야 한다. 우리의 마음과 시선을 겟세마네와 갈보리에 두고 거기에 머물도록 하자. 이 두 곳 외에 겸손이 길러질 다른 장소가 없기 때문이다. 둘째, 하나님과 그분의 속성과 영광을 더 깊이 알기를 추구해야 한다. 욥과 이사야는 하나님을 아는 것과 그분에 관한 높고도 고양된 생각을 하는 것보다 더 겸손해질 수 있는 길이 없다고 가르친다(욥 42장; 사 6장 참고). 셋째, 엄숙한 죽음과 확실한 심판의 날과 광대한 영원을 많이 묵상해야 한다. 넷째, 날마다 "멸망하기 전에 교만이 오고 타락하기 전에 거만한 영이 온다는 사실"(잠 16:18 참고)을 기억해야 한다. 마지막으로, 청교도 리처드 마요(Richard Mayo)가 말한 대로 자신을 점검해야 한다.

여러분처럼 죄를 짓고 여러분처럼 살며, 너무나 많은 시간을 낭비하고 너무나 큰 자비를 남용하며, 수많은 의무들을 지키지 않고 엄청난 은혜의 방편들을 소홀히 여긴 자가 과연 자신을 자랑할 수 있겠습니까? 하나님의 영을 그토록 근심시키고, 하나님의 계명을 그토록 어기며, 하나님의 이름을 그토록 더럽힌 자가 과연 자신을 자랑스러워할 수 있겠습니까? 여러분과 똑같은 마음을 가진 사람이 과연 자기 자신을 자랑스러워할 수 있겠습니까?[6]

---

5) Charles Bridges, *The Christian Ministry* (London: Banner of Truth, 1959), 152.
6) *Puritan Sermons 1659-1689, Being Morning Exercises at Cripplegate* (Wheaton, Ill.: Richard Owen Roberts, 1981), 3:390.

어떻게 두 나라에서 살아갈 것인가?

리처드 백스터의 『성도의 영원한 안식』(*The Saint's Everlasting Rest*, CH북스 역간)은, 천국에 대한 소망이 이 세상에서 우리의 삶을 인도하며 다스리고 활력을 주는 능력이 된다고 말한다. 800쪽이 넘는 방대한 분량인데도, 이 고전은 청교도 가정의 필독서가 되었다. 이 책을 뛰어넘는 작품은 존 번연의 『천로역정』 뿐인데, 여기서는 동일한 진리를 우화적으로 풀어낸다. 번연의 순례는 영적 불안으로 말미암아 저버렸던 적을 제외하고는 자신의 마음에서 한 번도 잊은 적이 없는 천성을 향한 순례이다.

청교도들은, 신자들이 이 땅에서 순례의 길을 걸어가는 동안 반드시 천국을 '우리 눈에' 담아야 한다고 믿었다. 그들은 우리 앞에 있는 '영광의 소망'이 이 땅에서 우리의 삶을 빚어 내고 인도해야 한다는 것을 강조함으로써, 신약성경의 역동적인 두 세상, 즉 이미 도래한 현재와 아직 완성되지 않은 세상을 진지하게 받아들였다. 영원의 빛 가운데 살아가려면 자기를 철저히 부인해야 한다. 청교도들은, 천국의 기쁨이 우리가 그리스도를 따르면서 견뎌 내야 하는 상실과 고난들을 모두 보상하고도 남는다는 것을 기억하며 살아가라고 가르쳤다. 그들은 거룩하게 하는 시련을 방편으로 하여 죽음을 준비하는 것이야말로 하나님을 향해 사는 법을 배우는 핵심이라고 가르쳤다.

2부

청교도의 충성스런 일꾼들

6. 윌리엄 퍼킨스
(William Perkins, 1558-1602)

회심과 교육

종종 '청교도의 아버지'라고 불리는 윌리엄 퍼킨스는 1558년에 워윅크셔(War-wickshire)에서 토마스 퍼킨스(Thomas Perkins)와 안나 퍼킨스(Anna Perkins)의 아들로 태어났다. 젊은 시절에 퍼킨스는 난폭한 행동과 욕설을 일삼고 술에 찌들어 살았다. 그러다가 케임브리지의 크라이스트 칼리지(Christ's College)에서 수학하던 시절, 한 어머니가 길거리에서 떼쓰는 아이를 꾸짖으며 "자꾸 그러면 술주정뱅이 퍼킨스"처럼 된다고 말하는 것을 보고는 강력한 회심을 경험한다. 이 일로 퍼킨스는 너무나 부끄러워 악한 행실을 버리고 구원을 위해 그리스도께로 피하게 된다. 그리하여 그는 수학 공부를 포기하였으며, 그토록 심취했던 흑마술과 주술을 버리고 신학 공부를 시작한다.

퍼킨스는 당시 주도적인 청교도의 중심지였던 케임브리지에서 정규 교육을 받으면서 칼빈주의자로서의 면모를 갖추게 되었다. 케임브리지에서 공부하는 동안 로렌스 채더턴이 퍼킨스의 개인 교수가 되었고, 이어 평생의 친구가 되었다. 여기서 퍼킨스와 채더턴은 리처드 그린햄(1542-1594)과 리처드 로저스(Richard Rogers, 1551-1618)를 비롯해 많은 사람들을 만났고, 케임브리지에서 맺은 영적 우정은 젊은 퍼킨스에게 엄청난 영향을 끼쳤다.

퍼킨스의 사역

퍼킨스는 1584년에 석사 학위를 받고 졸업하면서 케임브리지의 '위대한 세인트 앤드류스 교회(Great St. Andrew's Church)'의 '강사' 곧 설교자가 되었다. 이 교회는 크라이스트 칼리지 길 건너편에 있었는데, 가장 영향력 있는 강단이었다. 퍼킨스는 죽을 때까지 평생 이곳에서 설교한다. 또한 퍼킨스는 1584년부터 1594년까지 크라이스트 칼리지에서 설교하고 강의하며 학생들을 지도하는 연구원으로 섬겼다. 그러다가 1594년에 퍼킨스는 젊은 미망인과 결혼하기 위해 교수직을 사임했다. 대학의 입장에서는 안타까운 일이었다.

퍼킨스는 자신의 스승인 채더턴이 그러했듯이, 분리를 옹호하는 청교도들의 무리에 합류하기보다는 남아서 국교회를 정결하게 만들기 위해 힘썼다. 퍼킨스는 교회의 정치 문제를 언급하는 대신, 교회 안에 나타나는 무능한 목회와 영적 결함들과 영혼을 해치는 무지에 집중하였다.

퍼킨스에게는 성경을 강해하는 비범한 은사가 있었다. 그는 이해하기 쉽게 설교하고 신학을 명료하게 해설함으로써 일반 사람들에게 다가갈 수 있는 능력이 특출했다. 퍼킨스는 예정론적 설교를 실제적이고도 경건한 삶과 결합시키는 것을 목표로 삼았다. 그는 하나님의 주권과 인간의 책임 사이의 관계를 모순적인 것으로 보지 않았으며, 오히려 하나님의 지성 안에서 완전히 이해되는 교리요 회심한 마음과 지성이 완전히 받아들일 수 있는 복된 교리로 간주했다. 또한 그는 청교도 결의론(casuistry)의 실천, 즉 자기를 점검하고 성경적으로 진단함으로써 '양심의 실상'을 다루는 기술을 개척했다. 많은 사람들이 퍼킨스의 설교를 통해 죄를 각성하고 속박에서 구원을 얻었다.

퍼킨스의 죽음과 계속되는 영향

퍼킨스는 엘리자베스 여왕의 통치가 끝나기 직전인 1602년에 신장 결석 합병증으로 세상을 떠났다. 그가 죽던 때에 잉글랜드에서는 그의 저작이 칼빈과 베자와 불링거의 작품들을 다 합친 것보다 더 많이 팔렸다. 토마스 굿윈(1600-1680)은 10년 후에 케임브리지 대학에 입학했는데, 자신을 가르친 교수들 중 여섯 명이 퍼킨스에게서 배웠으며, 여전히 퍼킨스의 가르침을 전할 뿐만 아니라 케임브리지가 그의 능력 있는 설교에 잠겨 있었다고 기록하였다.

퍼킨스는 수사학자이자 강해 설교자요 신학자이자 목회자로서, 청교도 운동을 설계한 주요 인물이었다. 교회를 개혁하고자 했던 퍼킨스의 소망은 그의 지성과 경건과 저술과 영적 조언과 소통하는 기술과 결합되어, 17세기 청교도의 강조점인 개혁주의, 경험적 진리와 자기 점검, 로마 가톨릭주의 및 알미니안주의에 대항하는 청교도의 변증이라는 논조를 확립했다.

추천 도서

'윌리엄 퍼킨스 저작 전집(*The Works of William Perkins* [10 vols., Reformation Heritage Books])'은 총 10권으로 구성되어 있다.

1-4권은 주해적인 작품들로, 다음과 같은 책들이 수록되어 있다.

『산상수훈: 마태복음 5-7장』(*Sermon on the Mount: Matthew 5-7*)

『갈라디아서 주석』(*Commentary on Galatians*)

『히브리서 11장 주석』(*Commentary on Hebrews 11*)

『유다서와 요한계시록 1-3장 주해』(*Exposition of Jude and Revelation 1-3*) 등.

5-7권은 주해 및 교리적이고도 변증적인 작품들로, 다음과 같은 책들이 수록되어 있다.

『주기도문』(*The Lord's Prayer*, 합신대학원출판부 역간)

『사도신경』(*The Apostles' Creed*)

『기독교의 기본 원리』(*Foundation of the Christian Religion*, 지평서원 역간)

『예정의 방식과 순서』(*The Manner and Order of Predestination*)

『개혁된 보편 교회』(*A Reformed Catholic*) 등.

8-10권은 실천적인 작품들로, 다음과 같은 책들이 수록되어 있다.

『양심에 관한 강화』(*Discourse of Conscience*)

『회개의 본질과 실제』(*The Nature and Practice of Repentance*)

『모든 소유물을 가지고 잘 살아가는 방법에 관한 논문』(*A Treatise on How to Live Well in All Estates*)

『부르심에 관한 논문』(*A Treatise on Vocations*)

『가정을 질서 있게 잘 세우는 방법』(*The Right Manner of Erecting and Ordering a Family*)

『예언의 기술』(*The Art of Prophesying*,『설교의 기술과 목사의 소명』부흥과개혁사 역간): 이 책은 설교의 기초에 관한 고전이다.

『구원의 황금 사슬』(*The Golden Chain of Salvation*, 킹덤북스 역간): 이 책은 하나님의 구원의 방식에 초점을 맞춘 작품이다.

7. 리처드 십스

(Richard Sibbes, 1577-1635)

초기 생애와 회심

리처드 십스는 1577년에 잉글랜드 청교도주의의 심장부인 서픽(Suffolk)의 토스톡(Tostock)에서 태어났다. 십스는 서스턴(Thurston)의 교구 교회에서 세례를 받았고, 그곳에서 학교를 다녔다. 십스는 책을 무척 좋아하는 아이였다. 그의 아버지인 폴 십스(Paul Sibbes)는 수레바퀴를 만드는 근면한 목수(나무로 된 바퀴를 만들고 수리하는 사람)로, 경건한 그리스도인이었다. 그런데 그는 자기 아들이 책에 관심 가지는 것을 달가워하지 않았다. 폴 십스는 아들 리처드에게 나무 수레바퀴 만드는 공구들을 선물하여 책 사는 것을 막아 보려 했지만, 그를 설득할 수 없었다.

십스는 다른 사람들의 후원을 받아, 18세에 케임브리지에 있는 세인트 존스 칼리지(St. John's College)에 입학했다. 그러고는 1559년에 학사 학위를 받았고, 1601년에 연구원 자격을 얻었으며, 1602년에 석사 학위를 받았다. 1603년에 십스는 폴 베인(Paul Bayne)의 설교를 듣고서 회심했으며, 그를 "복음 안에서의 아버지"라고 불렀다.

십스의 사역

십스는 1608년에 노리치(Norwich)에 있는 국교회의 목사로 임직받았다. 그리고 1609년에는 대학의 설교자 중 하나로 임명되었으며, 1611년부터 1616년까지는 케임브리지의 홀리 트리니티 교회(Holy Trinity Church)에서 설교자로 섬겼다. 십스의 설교는 퍼킨스가 죽은 이후 영적 무관심이 퍼져 있던 케임브리지를 각성시켰다.

십스는 1617년에 런던으로 옮겨 네 개의 법학원[1] 중 가장 큰 그레이스 인(Gray's Inn)의 설교자가 되었다. 당시 모든 변호사들이 이 네 개의 법학원들에 소속되어 있었으며, 각각의 법학원마다 연계된 교회가 있었다. 그리고 1626년에 그는 케임브리지의 세인트 캐서린 칼리지(St. Catharine's College)의 총장이 되었다. 십스의 지도 아래 대학은 과거의 영광을 어느 정도 되찾았다. 십스는 총장으로 임명된 후 얼마 지나지 않아 케임브리지에서 신학 박사 학위를 받았다.

십스는 경건한 설교와 천상을 바라보는 삶의 방식 때문에 "하늘의 의사"라는 별칭을 얻었다. 1633년에는 찰스 1세가 케임브리지의 홀리 트리니티 교회를 맡아 달라고 그에게 제안했다. 그리하여 십스는 1635년에 세상을 떠날 때까지 그레이스 인 법학원과 캐서린 홀과 홀리 트리니티 교회에서 설교자로 계속 섬겼다.

모든 청교도들은 십스를 그리스도 중심적이며 체험적인 설교자요 신학자로 인정했다. 십스는 다음과 같이 말한다. "설교는 호소하는 것입니다……모든 (설

---

1) 역자주 - 런던에 있는 네 개의 법학원(The Inner Temple, the Middle Temple, Lincoln' Inn, Grays' Inn)으로, 당시 변호사 임명을 전담했다.

교의) 주된 목적은, 그리스도의 온유하고도 안전하며 지혜롭고 승리하시는 통치를 즐거워하도록 설득하는 것입니다."

학식 있는 자든 그렇지 못한 자든, 상류층이든 하층민이든 모두가 설득력 있는 십스의 설교를 통해 큰 유익을 얻었다. 20세기의 역사가인 윌리엄 할러(William Haller)는 십스의 설교를 가리켜 "전투하는 청교도 교회의 모든 설교 중 가장 탁월하고도 대중적인 설교"라고 평가했다.

십스의 죽음과 계속되는 영향력

십스는 세상을 떠나기 일주일 전에 요한복음 14장 2절을 본문으로 마지막 설교를 했다.

"내 아버지 집에 거할 곳이 많도다……내가 너희를 위하여 거처를 예비하러 가노니."

십스는 마지막 나날에 그의 영혼이 어떠한지를 묻는 질문에 다음과 같이 답했다. "내가 '매우 좋습니다'라고 말하지 않는다면, 그것은 하나님께 매우 잘못하는 일이 될 것입니다." 그리고 1635년 7월 5일, 그는 은혜로우신 구세주와 함께 거하기 위해 세상을 떠났다.

그가 죽은 후에도 그의 저작들은 계속해서 엄청난 영향을 끼쳤고, 하나님의 사람들은 그의 글들을 사랑하며 많이 간직했다. 존 밀턴의 전기 작가인 데이비드 매슨(David Masson)은 다음과 같이 기록한다. "17세기 중반에 영국의 경건한 중산층 사람들이 읽은 실천 신학 관련 저작 가운데 십스의 책만큼 많이 읽힌 작품은 없을 것이다."

추천 도서

'리처드 십스 저작 전집(*The Works of Richard Sibbes*)'은 총 7권으로 구성되어

있다. 그중에서도 다음 책들을 비롯하여 몇몇은 여러 차례 재출간되었다.

『꺼져 가는 심지와 상한 갈대의 회복』(전집 1권에 수록, 지평서원 역간)

『돌아오는 배역자』(*Returning Backslider*, 전집 2권에 수록, 지평서원 역간)

『영광스러운 자유』(*Glorious Freedom*, 전집 4권에 수록, 지평서원 출간 예정)

『봉인된 샘과 열린 샘』(*A Fountain Sealed and the Fountain Opened*, 전집 5권에 수록)

8. 토마스 굿윈

(Thomas Goodwin, 1600-1680)

어린 시절과 교육

토마스 굿윈은 1600년 10월 5일, 영국의 롤즈비(Rollesby)에서 태어났다. 굿윈의 부모인 리처드 굿윈(Richard Goodwin)과 캐서린 굿윈(Katherine Goodwin)은 하나님을 경외했으며, 아들을 목회자로 키우고 싶어했다. 그래서 그들 자신이 개인적으로 모범을 보였을 뿐만 아니라, 아들을 훈련시키고자 지역 학교에서 제공하는 가장 훌륭한 고전 교육을 받게 하는 등 온 힘을 다 쏟았다. 어린 시절, 굿윈은 부드러운 양심을 가지고 있었으며, 하나님과 영원에 관해 생생한 감동을 경험했다.

13세가 되었을 때에 굿윈은 크라이스트 칼리지에 등록했다. 그는 청교도 설교와 가르침에 둘러싸여 있었지만, 수사학을 배우고 알미니안주의를 받아들이는 일에 집중하면서 대중적인 설교자가 되기로 결심했다.

굿윈은 1617년에 크라이스트 칼리지에서 학사 학위를 받고서 졸업했다. 그리고 1619년에는 케임브리지의 세인트 캐서린 홀에서 공부를 계속하여 졸업과 동시에 석사 학위를 받았고, 1년 후에는 연구원과 강사가 되었다.

회심과 초기 사역

하나님의 섭리 가운데, 케임브리지의 동료들은 수사학의 헛됨과 알미니안주의의 어리석음을 폭로하면서 굿윈을 설득하였고, 굿윈은 이를 통해 도전을 받았다. 게다가 굿윈은 대학의 교회에서 신랄하게 복음을 전한 리처드 십스와 존 프레스턴(John Preston)의 설교를 듣고서 강한 영향을 받았다. 그러다가 1620년 10월 2일 어느 장례식에서 누가복음 19장 41,42절을 본문으로 한 설교를 들을 때, 하나님은 그로 하여금 죄를 깊이 각성하도록 인도하셨고, 결국 굿윈은 회심에 이르렀다. 굿윈은 청교도의 신학적 전통을 따르기 시작했고, 이후 그의 설교는 진지하고도 경험적이며 목회적이게 되었다.

1625년, 굿윈은 설교할 수 있는 강도권을 취득했다. 그리고 1628년에는 27세의 나이로 십스와 프레스턴을 이어 트리니티 교회의 설교자로 임명되었다. 굿윈은 1633년 말까지 이곳에서 사역했고, 대주교 로드(Laud)의 통일령을 따르지 않는다는 이유로 사임하게 되었다.

굿윈은 분리파(Separatist) 설교자가 되어 런던에서 사역하기 시작했으나, 설교를 방해하는 금지 조항이 계속 늘어난 까닭에 1639년에 네덜란드로 피신한다. 그러고는 아른험(Arnhem, 네덜란드의 동부 라인 강 연변에 있는 도시)에서 로드의 박해로 피신한 100여 명이 넘는 회중들을 섬겼다.

후기 사역과 죽음

1641년에 로드가 탄핵된 후, 굿윈은 잉글랜드로 돌아오라는 의회의 초청을 받아들였다. 굿윈은 웨스트민스터 총회의 회원으로 임명되었고, 매우 중요한 역할을 감당했다.

총회가 끝나고 난 다음 굿윈은 옥스퍼드의 교수가 되었고, 이후 막달렌 칼리지(Magdalen College)의 총장으로 임명되었다. 굿윈은 성경적 진리와 체험적 칼빈주의 교리에 입각하여 막달렌 칼리지의 학풍을 만들어 갔다. 굿윈은 학생들에게 학문적으로 탁월할 것을 요구했고, 그들의 영적인 삶을 매우 확실히 다루었다. 그래서 그는 청교도의 강조점들을 달가워하지 않는 사람들에게서 "가책의 상점(scruple shop)"을 운영한다는 비난을 받았다. 또한 이 기간에 굿윈은 크롬웰의 군목으로 섬겼고, 독립교회(Independent church)를 조직했다.

1658년 9월 29일, 굿윈은 잘 알려진 몇몇 독립파 목사들 및 신학자들과 함께 웨스트민스터 신앙고백서의 개정판 격인 '사보이 선언(The Savoy Declaration of Faith and Order)'을 작성했다. 이 문서는 영국의 회중교회의 표준 고백으로 자리매김했고, 후일 미국의 회중교회도 이를 채택하였다.

찰스 2세가 즉위하면서 대중에게 미치던 청교도의 영향력이 사라지자, 굿윈은 옥스퍼드를 떠나야겠다고 생각했다. 그리하여 굿윈과 그의 독립회중교회 대부분은 런던으로 이주하여 새롭게 교회를 시작했다. 굿윈은 마지막 나날 동안 설교와 목회 사역과 저술 활동에 전념했고, 80세에 세상을 떠났다.

추천 도서

'토마스 굿윈 저작 전집(The Works of Thomas Goodwin)'은 총 12권으로 구성되어 있다. 여기에는 고전 작품들이 많이 수록되어 있다.

『어둠 속을 걷는 빛의 자녀들』(A Child of Light Walking in Darkness, 전집 3권에 수록, 지평서원 역간)

『생각의 허무함』(The Vanity of Thoughts, 전집 3권에 수록)

『눈 앞에 보이는 그리스도』(Christ Set Forth, 전집 4권에 수록, 지평서원 출간 예정)

『이 세상 죄인들을 향한 하늘에 계신 그리스도의 마음』(*The Heart of Christ in Heaven towards Sinners on Earth*, 전집 4권에 수록)

『중보자이신 그리스도』(*Christ the Mediator*, 전집 5권에 수록)

『성령의 사역』(*The Work of the Holy Spirit*, 전집 6권에 수록)

『의롭다 하는 믿음의 대상과 행위』(*The Object and Acts of Justifying Faith*, 전집 8권에 수록, 『믿음의 본질』 부흥과개혁사 역간)

『선택에 관한 강화』(*A Discourse of Election*, 전집 9권에 수록)

『하나님 앞에서 중생 받지 못한 자의 죄책』(*An Unregenerate Man's Guiltiness before God*, 전집 10권에 수록) 등.

9. 존 엘리엇

(John Eliot, 1604-1690)

초기 생애

인디언들의 선교사로 알려진 존 엘리엇은 1604년에 잉글랜드의 부유한 가정에서 태어났다. 소년 시절 공부하기를 좋아했던 엘리엇은 1619년에 케임브리지에 있는 지저스 칼리지(Jesus College)에 들어갔고, 1622년에 학사 학위를 받았다. 엘리엇은 졸업과 동시에 국교회에서 임직을 받았지만, 얼마 지나지 않아 국교회의 규칙과 관습에 질려 버렸다. 그는 마음에 드는 교구 교회를 찾는 대신, 토마스 후커(Thomas Hooker)가 교장으로 있는 에식스(Essex)의 중등학교에서 가르치는 일을 선택한다. 엘리엇은 후커의 영향을 받아 그리스도를 영접하게 된다. 그리고 회심한 이후 얼마 지나지 않아, 엘리엇은 사역에 헌신하라는 부르심을 느낀다.

후커의 학교가 폐교되고 통일령을 지키라는 압력이 더욱 거세지자, 엘리엇은 매사추세츠(Massachusetts)로 이민하기로 마음먹었다. 그는 1631년 11월 3일에 보스턴(Boston)에 도착했다. 그리고 매사추세츠 록스베리(Roxbury)에 정착하여 그곳의 교회에서 교사로 가르쳤고, 훗날 50년 동안 목사로 사역했다. 처음 15년 동안, 엘리엇은 오로지 교회 사역에 전념했다. 그다음 35년 동안에는 회중을 목양하는 일과 아메리카 원주민들을 위한 사역으로 시간을 나누어 사용했다. 그리하여 엘리엇은 숙련된 설교자요 상담가로 널리 알려졌다.

매사추세츠 부족을 향한 사역

엘리엇은 여러 해 동안 알곤킨 부족(Algonquian)의 언어를 배워 1646년부터 원주민들에게 설교하기 시작했다. 하나님이 복을 주셔서, 엘리엇은 "기도하는 인디언들"의 마을을 만들 수 있었다. 1674년에는 이곳에 주민이 3,600명 가량으로 추산되는 14개의 "기도하는 마을들"이 생겼고, 1,100여 명이 회심하는 열매를 보았다. 각각의 마을에서 원주민들은 새로운 시민 정부의 기준을 따라, 자신과 그들의 자녀들이 "하나님을 바라보는 하나님의 백성"이 되겠노라고 엄숙하게 서약했다. 이 마을들은 거의 전적으로 자치구였다. 원주민들은 대부분 기독교 신앙과 더불어 청교도적 삶의 방식을 따랐다.

시민 정부를 조직한 후, 엘리엇은 회중 정치 형식을 따르는 인디언 교회들을 설립하기 시작했다. 15년 동안 온갖 어려움을 이겨 내고 1660년에 첫 번째 원주민 교회가 공식적으로 설립되었고, 이어서 다른 교회들이 계속 세워졌다.

엘리엇은 이 시기에 성경을 베이 주(Bay State)[1]에 정착한 원주민들의 언어인 알곤킨 부족의 언어로 번역하는 수고를 감당했다. 엘리엇은 영국의 후원자들에게서 도움을 받아 출판사를 설립했고, 1661년에 매사추세츠 언어로 된 첫 신약성경을 출간했다. 그리고 1663년에는 운율을 띤 시편이 수록된 구약성경을

---

1) 역자주 - 베이 주는 매사추세츠 주를 부르는 또 다른 이름이다.

출간했다. 이로써 아메리카 대륙에 최초로 완성된 성경이 등장하게 되었다. 알곤킨 언어로 된 성경은 엘리엇이 이룬 다른 모든 업적들을 통틀어 가장 위대하게 평가되지만, 엘리엇은 이 성경 번역 작업을 그저 아메리카 원주민들의 회심을 돕기 위한 일로 여겼다.

후기 생애

1675년에 '필립 왕의 전쟁'이 벌어질 때까지 엘리엇의 사역은 계속 성공을 거두었다. 그 전쟁으로 목숨에 위협을 느낀 많은 원주민 회심자들은 보스턴 항구에 있는 섬으로 이동했고, 많은 이들이 거기서 죽었다. 다른 마을에서도 이런 일들이 반복되었다. 기도하는 인디언들은 호전적인 다른 부족이나 복수심에 불타는 식민주의자들에게 죽임을 당했다. 결국 14개의 "기도하는 마을들"은 흔적도 없이 사라졌다. 전쟁이 끝난 뒤, 엘리엇은 사역을 다시 시작했지만, 아무리 노력해도 이 마을들을 복구할 수 없었다.

마지막 몇 년 동안, 엘리엇은 그리스도를 위하여, 그리고 그가 사랑하는 아메리카 원주민들의 영혼 구원을 위하여 열정을 불태웠다. 그리고 1690년 5월 20일에 86세의 나이로 세상을 떠났다. 그의 마지막 말은 "기쁨이여, 어서 오라!"였다.

추천 도서

「엘리엇의 소책자」(*The Eliot Tracts*): 여기에는 식민지 거주민들 중 지도자들(엘리엇과 토마스 세퍼드를 포함하여)이 기록한 11개의 소책자가 전부 수록되어 있다. 특히 이 책에는 신세계에서 영국인들이 행한 선교 활동이 가장 상세하게 기록되어 있다.

『인디언 문법 기초』(*The Indian Grammar Begun*): 이 책은 엘리엇이 아메리카 원주민들에게 복음을 전하기 위해 만든 문법책이다.

10. 존 오웬

(John Owen, 1616-1683)

초기 생애

"청교도의 황태자"라고 불리는 존 오웬은 잉글랜드 스테덤(Stadham)에서 출생했다. 그의 아버지 헨리 오웬(Henry Owen)은 그 지역의 청교도 목사였다. 오웬은 어린 시절부터 경건하고도 학구적인 경향을 보였다. 오웬은 12세에 옥스퍼드의 퀸스 칼리지(Queen's College)에 입학해 1632년에 학사 학위를 취득했고, 1635년에 석사 학위를 수여받았다. 그는 십 대 시절 내내 하루에 18-20시간 동안 공부했다.

오웬은 1637년에 옥스퍼드를 떠나 사목(私牧)이자 교수가 되었다. 사목으로 섬기는 동안 오웬은 연구할 시간을 넉넉히 확보할 수 있었고, 하나님은 그에게 복을 풍성하게 베푸셨다. 오웬은 26세 때부터 41년 동안 80여 권의 책을 저술하였다.

오웬은 어린 시절부터 청교도의 신념들을 받아들였지만, 1642년에 "어찌하여 무서워하느냐? 믿음이 작은 자들아"(마 8:26)라는 본문에 관한 설교를 듣고서 비로소 개인적으로 믿음의 확신을 가지게 되었다. 하나님은 이 설교를 강력하게 사용하여 오웬에게 믿음의 확신을 주셨다.

전성기

1643년에 오웬은 힘 있는 주해로 칼빈주의를 변론하는 『알미니안주의에 대한 폭로』(*A Display of Arminianism*)라는 책을 출간했다. 이 책으로 오웬은 이름을 널리 알리게 되었고, 동시에 포덤(Fordham)의 목사로 임명되었다. 오웬은 포덤에서 사역하는 동안 좋은 평가를 받았고, 다른 지역에서도 많은 사람들이 오웬의 설교를 들으러 몰려들었다. 오웬은 설교에 탁월했을 뿐만 아니라, 자신이 맡은 교구민들을 교리문답으로 교육하는 데에도 매우 뛰어났다.

그러나 오웬은 정치적인 이유로 목회직에서 사임해야 했다. 그 이후 그는 세인트 피터스 코기쉘(St. Peter's Coggeshall)에 있는 매우 유명한 에식스 설교단의 교구 목사가 되었다. 여기서 오웬은 자신의 회중을 회중교회의 원리에 따라 조정하면서, 공개적으로 장로교회주의에서 회중교회주의로 전환하였음을 밝혔다. 1640년대 후반, 오웬의 설교와 저술로 인해 그의 이름이 급격히 퍼졌고, 점점 탁월한 독립파 신학자로서 명성을 쌓아 갔다.

한편 올리버 크롬웰은 오웬이 의회 앞에서 행한 설교에 감동을 받았다. 그래서 그에게, 더블린(Dublin)에 있는 트리니티 칼리지(Trinity College)의 문제를 조정하기 위해 아일랜드로 가는 길에 군목으로서 동행해 달라고 부탁했다. 오웬은 트리니티 칼리지에 있는 동안, 그곳을 청교도 노선으로 재조정하고 동시에 설교 사역을 감당하면서 거의 모든 시간을 보냈다.

1650년, 오웬은 공화국의 공식 설교자로 임명되었다. 그로부터 10년의 세월이 오웬에게는 가장 생산적인 시간이었다. 1651년에 오웬은 옥스퍼드의 크라이스트 처치 칼리지의 학장이 되었고, 18개월 후에는 옥스퍼드 대학의 부총장이 되었다. 오웬은 신학 강의와 다양한 출간물들을 통해 개혁주의 신학과 청교도 경건을 증진시켰다. 오웬의 경건한 지도력은, 혼란스러운 시민 전쟁 이후 어려운 회복의 시기를 통과하는 동안 옥스퍼드 대학에 평화와 안정과 영적 성장을 가져왔다.

오웬의 생애에서 상대적으로 잊힌 시기들

리처드 크롬웰(Richard Cromwell)이 그의 아버지 올리버 크롬웰의 뒤를 이은 후, 오웬과 다른 이들이 맡고 있던 교회 직무들은 모두 장로교 신학자들에게로 넘어갔다. 1660년에는 존 오웬을 대신해 에드워드 레이놀즈(Edward Reynolds)가 크라이스트 처치 칼리지의 총장이 되었다. 오웬은 은퇴하여 스테덤의 작은 마을로 갔고, 거기서 계속 설교했다. 1665년, 오웬은 런던에서 작은 교회를 시작하여 이 교회를 섬기면서 저술 활동을 계속했다. 그리고 1673년에 이 교회는 조셉 카릴(Joseph Caryl)이 목사로 섬기는 교회와 합쳐졌다.

오웬은 나이 들어 천식과 담석으로 고생했고, 이로 인해 종종 설교를 중단할 수밖에 없었다. 그런 상황 속에서도 오웬은 계속해서 글을 썼고, 이 시기에 칭의, 영적 마음의 경향, 그리스도의 영광에 관한 주요 작품들을 저술했다. 그러다가 1683년 8월 24일, 오웬은 다가오는 영광을 기대하면서 기쁨으로 충만한 가운데 세상을 떠났다.

추천 도서

'존 오웬 저작 전집(The Works of John Owen)'은 총 16권으로 되어 있다. 이 전집은 세 가지 주요 부분, 즉 교리적 부분(1-5권), 실천적 부분(6-9권), 변증적 부분(10-16권)으로 구성된다. 그중에서도 가장 잘 알려진 작품들은 다음과 같다.

『그리스도의 영광』(*The Person and Glory of Christ*, 전집 1권에 수록, 지평서원 역간)

『하나님과의 교제』(*Communion with God*, 전집 2권에 수록, 『교제』 복 있는 사람 역간)

『성령에 대한 강화』(*Discourse on the Holy Spirit*, 전집 3권에 수록)

『믿음으로 말미암는 칭의』(*Justification by Faith*, 전집 5권에 수록)

『죄 죽이기』(*Mortification of Sin*, 전집 6권에 수록, SFC출판부 역간)

『시험』(*Temptation*, 전집 6권에 수록)

『죄 용서: 시편 130편 강해』(*Exposition of Psalm 130*, 전집 6권에 수록, 부흥과개혁사 역간)

『영적 마음의 경향』(*Spiritual Mindedness*, 전집 7권에 수록, 『영의 생각, 육신의 생각』 청교도신앙사 역간)

『죽음을 죽인 그리스도의 죽음』(*The Death of Death in the Death of Christ*, 전집 10권에 수록, 지평서원 출간 예정)

『성도의 견인 교리』(*The Doctrine of the Saint's Perseverance*, 전집 11권에 수록)

또한 총 7권으로 구성된 『히브리서 강해』(*An Exposition of the Epistle to the Hebrews*)가 있다. 이 책은 출간된 이후 세기를 거듭할수록 최고의 히브리서 주석으로 평가받는다.

11. 존 번연

(John Bunyan, 1628-1688)

번연의 회심

존 번연은 1628년에 베드퍼드(Bedford) 근처에 있는 엘스토우(Elstow)에서 토마스 번연(Thomas Bunyan)과 마가렛 벤틀리(Margaret Bentley)의 아들로 태어났다. 번연은 집이 가난해서 훌륭한 교육을 받지 못했다. 그는 법을 무시했고 반항적이었으며, 저주와 신성모독을 일삼곤 했다. 이따금씩 죄의식이 찾아오곤 했으나, 그러한 불순종을 어느 정도 억누를 뿐이었다.

번연은 16세에 크롬웰의 신모범군(新模範軍, New Model Army)[1]에 입대했고, 거기서도 계속 반항적인 삶을 이어 갔다. 그러다가 시민 전쟁에 참전하여 죽음을 매우 가까이서 경험하면서, 번연은 진지하게 변했다. 그러고는 1646년 또는 1647년 즈음에 군대에서 전역하였다.

---

1) 역자주 - 신모범군은 1645년에 일어난 영국의 청교도 혁명 당시 의회파인 크롬웰을 중심으로 조직된 군대이다.

1648년에 번연은 하나님을 경외하는 어느 여인과 결혼한다(그녀의 이름은 알려져 있지 않다). 그리고 번연은 그녀에게 있던 청교도 저작들을 섭렵하면서 다시 한 번 죄에 대한 각성을 경험하게 된다. 번연은 욕설을 그치고, 교구 교회에 출석하기 시작했으며, 주의 날을 영화롭게 하기 위해 힘썼다. 그로부터 몇 개월 후, 번연은 그리스도와 거듭남에 관해 즐겁게 이야기 나누는 몇몇 여인들을 만나게 되었다. 그리고 번연은 그녀들의 대화를 통해 큰 감동을 받았다. 번연은 자신이 그리스도 밖에 있으며 잃어버린 바 된 자라는 사실을 깨닫고는 기쁨 없는 자신의 존재를 슬퍼하기 시작했다. 번연은 자신이야말로 잉글랜드 전역에서 가장 나쁜 마음을 가진 존재라고 느꼈다.

1651년, 이 여인들은 베드퍼드의 목사인 존 기포드(John Gifford)에게 번연을 소개했다. 그리고 하나님은 기포드를 사용하여 번연을 회개와 믿음으로 이끄셨다. 1655년에 번연은 아내와 네 자녀들을 데리고 베드퍼드로 이사하여 기포드의 교회에 등록했고, 얼마 지나지 않아 집사로 임명받았다. 번연의 간증은 그 마을에서 대화의 주제가 되었고, 몇몇 사람들을 회심으로 이끄는 수단이 되었다.

초기 사역과 투옥

1655년에 번연은 베드퍼드에 있는 여러 교회에서 설교하기 시작했다. 수백 명의 사람들이 번연의 설교를 들으러 몰려들었다. 그로부터 여러 해 동안 번연은 책을 몇 권 출간했고, 작가로서 명성을 얻었다.

1661년 초기에 번연은 정부의 공식 허가 없이 대중 앞에서 설교했다는 이유로 구속되었다. 정부에서 다시는 설교하지 않겠다고 약속하면 풀어 주겠다고 제안했으나, 번연은 "만일 내가 오늘 풀려난다면, 내일 당장 설교할 것입니다"라고 대답했다. 번연은, 단지 영국 국교회가 거짓 되다고 비난하는 일을 멈추지 않고 계속 단순한 복음을 설교하겠다고 한 까닭에 12년 6개월 동안이나 감옥에 갇혀 있어야 했다. 그러나 1661년에, 그리고 1668년부터 1672년 사이에 어떤 간수들은 번연이 이따금씩 감옥을 떠나 설교하도록 허락해 주었다.

번연은 투옥되어 있는 동안 특히 아내와 자녀들을 보지 못하여 힘들어했다. 그러나 동시에 그에게 이 시간은 많은 결실을 얻는 기회가 되었다. 그는 지치지 않는 저술 작업으로 12권이 넘는 책을 집필했고, 그중 일부는 고전이 되었다.

후기 사역과 재투옥

1672년 5월, 마침내 번연은 감옥에서 풀려나 다시 베드퍼드 교회에서 목회할 수 있었다. 그렇게 수년 동안 자유를 누린 번연은 또다시 노방 설교를 하다가 체포되어 마을에 있는 감옥에 갇혔다. 여기서 번연은 『천로역정』의 첫 번째 부분을 비롯하여 많은 책들을 썼다. 그리고 1677년에 다시금 풀려난 후, 번연은 남은 시간을 설교하고 저술하면서 보냈다.

1688년, 번연은 추운 날씨에 여행하다가 고열에 시달리게 되었으며, 갑작스럽게 세상을 떠났다. 임종하는 날, 번연은 친구들에게, 그리스도와 함께 거하는 것이 자신의 가장 큰 소원이라고 말했다. 그러고는 하늘을 향해 손을 높이 들고 "내가 이제 주님께로 가오니, 나를 받아 주소서!"라고 외친 후 눈을 감았다.

추천 도서

『천로역정』: 이 책은 크리스천이라는 이름을 가진 사람이 이 세상에서 천성을 향해 순례의 여행을 떠나면서 겪게 되는 영적 전투를 감동적이고도 우화적으로 묘사한다. 이 책은 수많은 청교도 작품들 중에서도 어른과 아이들 모두가 반드시 읽어야 할 고전으로 꼽힌다.

『죄인 괴수에게 넘치는 은혜』(Grace Abounding to the Chief of Sinners, CH북스 역간): 이 책은 번연의 어린 시절부터 투옥된 1660년까지의 생애를 연대기적으로 다룬 자전적 전기이다.

12. 존 플라벨

(John Flavel, 1628-1691)

초기 생애

존 플라벨은 1628년에 우스터셔(Worcestershire)의 브롬스그로브(Bromsgrove)
에서 태어났다. 플라벨의 아버지 리처드 플라벨(Richard Flavel)은 비국교도 목
사였다. 리처드 플라벨은 아들을 옥스퍼드에 있는 대학에 보내 신앙 교육을 시
켰다. 그리고 1650년, 존 플라벨은 세일스베리(Sailsbury) 장로회에서 임직을 받
았다. 그는 딥포드(Dipford)에 정착했고, 그곳에서 자신의 다양한 은사들을 갈
고닦았다.

플라벨은 경건한 여인인 조앤 랜들(Joan Randall)과 결혼했는데, 조앤은 1655
년에 첫 아이를 출산하다가 세상을 떠나고 말았다. 그리고 태어난 아이 역시
이내 죽고 말았다. 플라벨은 슬픔에 잠긴 채 1년 정도를 보내다가, 엘리자베스
스타펠(Elizabeth Stapell)과 결혼하여 하나님을 경외하는 가정을 이루고 많은
자녀들을 낳는 복을 누렸다.

1656년, 플라벨은 항구 도시로 번영하고 있던 다트머스(Dartmouth) 교회에서 들어온 목사 청빙을 받아들였다. 비록 이전에 딥포드에서 목회할 때보다 수입은 적었지만, 그의 사역은 더욱 많은 열매를 맺었다. 다트머스에서 많은 사람들이 그의 사역을 통해 회심했다.

격동적이었으나 열매 맺는 사역

플라벨은 1662년, 통일령에 반대하고 비국교회를 고수한다는 이유로 설교단에서 추방당했다. 그러나 그는 비밀리에 그의 교구민들을 만나 계속 예배했다. 심지어 그는 여장을 한 채 말을 타고 비밀 집회 장소까지 가 설교하고 세례를 베풀기도 했다. 한 번은 당국자들의 추격을 받아 말을 타고 달리다가 그대로 바다에 뛰어들어 체포를 면했다가 헤엄쳐 바위 지역에 도착해 목숨을 건지기도 했다.

1655년, 플라벨은 슬랩턴(Slapton)으로 이사했고, 그곳에서 자신의 교회에 모이는 많은 이들을 위해 계속 목회했다. 플라벨은 때때로 수많은 사람들이 모인 숲에서 은밀히 설교하기도 했고, 자정까지 말씀을 전하기도 했다. 어느 날에는 그렇게 설교하는데 군인들이 들이닥쳐 모임을 해산시키기도 했다. 몇몇 도망자들이 체포되고 벌금형을 받았지만, 남은 자들은 또다시 다른 숲으로 플라벨을 초청하여 계속 말씀을 들었다.

1672년, 찰스 2세는 신교 자유 선언령을 내려 비국교도들에게 자유롭게 예배하도록 허용했다. 플라벨은 다트머스로 돌아갔고, 회중교회로 등록 허가를 받았다. 그러나 이듬해 자유령이 취소되었고, 플라벨은 다시 가정이나 외딴 곳에서, 이웃들의 집에서, 또는 멀리 떨어진 숲 속에서 비밀리에 사람들에게 설교했다.

바로 이 시기에 플라벨은 두 번째 아내와 사별하고 어느 목사의 딸인 앤 도운(Anne Downe)과 재혼했다. 그들은 11년 동안 행복한 결혼 생활을 꾸렸고, 두 명의 아들을 두었다.

1670년대 후반에서 1680년대 초반까지, 플라벨은 주로 저술 사역에 몰두했다. 이 시기에 플라벨은 9권이 넘는 책을 출간했다. 그러나 1682년 여름에 안전을 위해 런던으로 떠나야만 했고, 그곳에서 플라벨은 친구의 회중을 돕는 사역을 했다. 그리고 이곳에서 플라벨의 세 번째 아내가 세상을 떠났다.

후기 생애

플라벨은 네 번째로 결혼하고서 1684년에 다시 다트머스로 돌아왔는데, 집에서 체포되어 가택에 연금되었고, 집에서만 사역하도록 제약을 받았다. 그러자 플라벨은 주일마다 집에서 설교했다. 게다가 정부가 탄압하는데도 주중의 저녁에도 많은 사람들이 모여들었다.

그러다가 1687년 제임스 2세가 비국교도를 위해 또다시 자유령을 선포했고, 플라벨은 다시금 공적으로 설교할 수 있게 되었다. 플라벨의 교회는 플라벨이 설교단으로 돌아와 사역할 수 있게 된 것을 축하하며 알리기 위해 예배당을 크게 지었다. 플라벨은 공적으로 설교하는 마지막 4년 동안 매우 큰 복을 받았다. 그러나 그의 건강은 급속도로 나빠져 갔다. 1691년 6월에 설교하기 위해 엑서터(Exeter)를 방문했을 때 강한 뇌졸중이 찾아왔고, 그날 저녁에 플라벨은 63세를 일기로 세상을 떠났다. 플라벨은 이 세상에서 마지막으로 다음과 같이 말했다. "내 영혼이 평안할 것임을 잘 압니다."

추천 도서

'존 플라벨 저작 전집(The Works of John Flavel)'은 총 6권으로 구성되어 있다. 여기에는 다음과 같은 고전들이 수록되어 있다.

『섭리의 신비』(*The Mystery of Providence*, CH북스 역간): 이 책은 아마도 이 주제에 관한 한 최고의 작품일 것이다.

『마음의 문을 두드리시는 그리스도』(*Christ Knocking at the Door of the Heart*): 이 책은 요한계시록 3장 20절에 관한 7편의 설교이다.

『생명의 샘』(*The Fountain of Life*): 이 책은 그리스도의 직무와 상태의 부요함에 관한 42편의 설교이다.

『마음을 지킴』(*Keeping the Heart*, 『마음 참된 성도의 마음』 지평서원 역간): 이 책은 하나님 앞에서 마음을 지키는 여섯 가지 방법과 모든 신자의 위대한 부르심에 관해 가르친다.

『은혜의 방식』(*The Method of Grace*, 청교도신앙사 역간): 이 책은 그리스도의 구속 사역을 죄인에게 적용하시는 성령의 사역을 상세하게 기술한다.

13. 매튜 헨리

(Matthew Henry, 1662-1714)

어린 시절과 교육

매튜 헨리는 1662년 10월 18일에 잉글랜드 플린셔(Flintshire)의 브로드 오크(Broad Oak)에서 태어났다. 그의 아버지 필립 헨리(Philip Henry)가 영국 국교회 사역에서 추방당한 지 두 달 만의 일이었다. 매튜 헨리는 조산아로 태어나 허약했지만, 영적으로 힘이 넘쳤고 지적 능력도 출중했다. 매튜 헨리는 주로 아버지에게서 교육을 받았고, 몇몇 교사들에게서 도움을 받았다.

헨리는 1680년에 이즐링턴(Islington)의 토마스 둘리틀 학원(Thomas Doolittle's Academy)에 입학했다. 헨리는 여기서 2년 동안 둘리틀(Doolittle)과 토마스 빈센트(Thomas Vincent)에게서 교육을 받았다. 그 후 핍박으로 인해 둘리틀 학원이 강제로 이전하게 되자, 헨리는 플린셔로 돌아왔다. 그는 아직 자신이 목회 사역으로 부르심 받지 않았다고 생각하고는 법률 전문직을 구하기로 결심했다. 그러고는 법학을 공부하기 위해 1685년에 그레이스 인 법학원에 입학했고, 개인적으로는 신학을 계속 공부했다.

체스터에서의 목회 사역

1686년, 헨리는 아버지의 이웃들에게 설교하기 시작했다. 이듬해 헨리는 사업상 문제들 때문에 체스터(Chester)로 이사했으며, 여기서 지역 교회의 목회자로 부르심 받을 때까지 가정을 돌아다니면서 설교했다. 그해 5월 9일, 헨리는 런던에서 은밀하게 임직을 받았고, 체스터에서 목회 사역을 시작했다. 그가 목회를 시작하고 여러 해 지나지 않아 성찬을 받는 회중의 숫자가 250명으로 늘었다.

또한 헨리는 1687년에 캐서린 하드웨어(Katherine Hardware)와 결혼했다. 그러나 2년 후에 그녀는 아이를 낳다가 세상을 떠나고 말았다. 그 후 헨리는 메리 바버튼(Mary Warburton)과 재혼했다. 그녀는 아들 필립과 8명의 딸들을 낳았는데, 딸들 가운데 3명은 태어나는 과정에 세상을 떠나고 말았다.

한편 크룩 레인(Crook Lane)에 헨리를 위한 집회소가 지어져 1700년도에 개방되었다. 그리고 1706년에는 헨리의 교회에 합류하는 다른 회중들을 위해 좌석이 증설되었는데, 성찬을 받는 회중이 350명이나 되었다. 헨리는 자신의 교회에서 목회 사역을 감당했을 뿐만 아니라, 다섯 개의 마을에서 한 달에 한 번씩 예배를 인도했고, 성(Castle)에 있는 감옥에서도 정기적으로 설교했다.

1704년에 42세가 된 헨리는, 자신의 강해 설교와 목회하는 동안 성경에 관해 기록하여 모아 둔 상당한 분량의 쪽지와 글들을 토대로 성경 주석을 집필하기 시작했다. 헨리는 어릴 때부터 히브리어와 헬라어와 라틴어를 공부했고, 실제로 프랑스어도 사용할 줄 알았다. 게다가 그는 탐구 정신이 강했고, 교리적 문제들을 단순하고도 심오한 방식으로 표현하는 능력이 탁월했다.

런던에서의 목회 사역

1710년, 헨리는 런던 근교에 있는 해크니(Hackney)에서 청빙을 받았다. 이 교회는 비국교도 교회 중 가장 중요한 곳이었다. 헨리는 청빙을 수락했지만, 즉시 이사하지는 않았다. 그는 1712년 5월 11일에 체스터에서 많은 눈물 가운데 고별설교를 했다. 그러고는 그다음 주부터 해크니의 메어 가(Mare Street)에서 사역을 시작했다. 그러나 그 사역은 오래가지 못했다. 1714년 6월의 어느 날, 헨리는 런던으로 돌아오는 길에 말에서 떨어졌고, 그다음 날 갑작스럽게 세상을 떠났다.

매튜 헨리는 성경 주석으로 가장 잘 알려져 있지만, 그 외에 주로 실천적 경건에 관한 주제들을 다루는 작품들도 30여 권 집필했다. 그의 생애와 사역이 전하는 메시지는 간결하다. "하나님을 섬기고 그분과 교제하기 위해 사는 삶이야말로 이 세상에서 인간이 누릴 수 있는 가장 안락한 삶이다."

추천 도서

『매튜 헨리 성경 주석』(*Commentary on the Whole Bible*, CH북스 역간): 이 책은 현재까지 쓰인 주석 중 가장 유용하고도 대중적인 주석이다.

'매튜 헨리 저작 전집(*Complete Works of Matthew Henry*)'에는 (『매튜 헨리 성경 주석』을 제외하고) 헨리가 집필한 중요한 책들이 여러 권 수록되어 있다.

『은혜언약』(*The Covenant of Grace*)

『성찬을 어떻게 준비할 것인가』(*How to Prepare for Communion*)

『기도를 위한 방법』(*A Method for Prayer*)

『신앙생활의 유쾌함에 관하여』(*The Pleasantness of a Religious Life*)

『하나님과의 교제의 비밀』(*The Secret of Communion with God*)

14. 조나단 에드워즈
(Jonathan Edwards 1703-1758)

어린 시절과 교육

조나단 에드워즈는 1703년 10월 5일에 코네티컷(Connecticut) 주의 이스트 윈저(East Winsor)에서 태어났다. 에드워즈의 아버지와 자상한 할아버지는 영향력 있는 설교자들이었고, 신앙 부흥사에서 익숙한 인물들이었다. 에드워즈는 아버지의 중등학교에서 기초 교육을 받았고, 여기서 배운 개혁주의 신학과 청교도의 경건을 자양분으로 삼아 성장했다.

에드워즈는 13세에 여러 개의 학부로 나누어져 있는 대학에 들어갔다(이 대학은 훗날 예일 대학의 전신이 된다). 그리고 1720년에 수석으로 학사 학위를 받고, 예일에 남아 석사 과정을 밟았다. 에드워즈는 어린 시절과 십 대 때부터 여러 차례 영적 각성을 경험했는데, 이런 경험은 1721년에 일어난 회심에서 절정을 이루었다.

초기 사역

에드워즈는 1722년에 뉴욕에 있는 장로교회의 목회자로 청빙을 받아 사역을 시작했다. 그러나 이 목회 사역은 매우 짧았고, 8개월 후에 에드워즈는 아버지의 설득에 따라 코네티컷으로 돌아온다. 그리고는 예일에서 석사 학위 공부를 마치고, 1723년 11월에 볼턴(Bolton)에 있는 교회의 초청을 받아들인다.

이듬해 에드워즈는 대학에서 강의하기 위해 뉴헤이븐(New Haven)으로 돌아갔다. 에드워즈는 1726년까지 이곳에 머물다가, 연로한 외할아버지 솔로몬 스토다드(Solomon Stoddard)를 돕는 목사로 섬기기 위해 매사추세츠의 노샘프턴(Northampton) 교회로 갔다. 그렇게 그는 1727년 2월 15일에 사역을 시작하여, 1729년에 솔로몬 스토다드가 죽자 노샘프턴 교회의 담임 목사가 되었다.

당시 이곳의 회중들은 영적 무관심에 빠져 있었다. 그래서 그들의 경건을 증진시키는 일은 처음부터 쉽지 않았다. 결국 에드워즈는 1730년대 초반에 사회 전반에 퍼져 있던 특정한 죄들에 관해 집중적으로 설교했고, 사람들에게 죄를 회개하고 믿음으로 복음을 받아들이라고 촉구했다. 그리고 성령께서 은혜를 베푸셔서, 1734년과 1735년에 에드워즈의 설교를 통해 노샘프턴에서 괄목할 만한 각성이 일어났다.

1730년대 중반에 잠시 소강상태에 있다가 1740년에는 영적 대각성 운동이 시작되었으며, 에드워즈는 이 부흥에서 가장 강력한 도구요 변증가로 쓰임 받았다. 에드워즈는 이 부흥을 옹호하는 책들을 많이 썼는데, 특히 가장 영향력 있는 책이 바로 '신앙 정서에 관한 논문(*Treaties Concerning Religious Affections*)' 이다(흔히 *Religious Affections*[『신앙과 정서』, 지평서원 역간]라고 쓰인다).

후기 사역

노샘프턴 교회의 회원들은 1750년 6월에 에드워즈를 해고하여 설교단에 서지 못하도록 하고자 투표를 실시했다. 이는 구원적 은혜를 고백하지 못하는 갓난아이들에게 세례 베풀기를 거절한 것, 몇몇 청년들에게 내린 조치와 관련하여 거짓된 소문들이 퍼진 것, 몇 차례의 권징이 내려진 일들로 인해 발생한 복잡한 결과들로 야기된 일이었다. 이듬해 에드워즈는 가족과 함께 노샘프턴을 떠나 스톡브리지(Stockbridge)에 있는 국경 지역에 정착하여 은신했다. 그는 그곳에서 목사로서 작은 교회를 목회했고, 후사토닉 인디언들(Housatonic Indians)에게 복음을 전하면서 선교 사역을 감당했다. 비록 인디언들 가운데서 일어난 부흥에 관한 증언이 문서화되지는 못했지만, 이 시기에 에드워즈는 가장 방대한 분량의 저작들을 저술하여 많은 열매를 맺었다.

1758년, 에드워즈는 프린스턴(Princeton)에 있는 뉴저지 대학(College of New Jersey)의 총장직을 수락했다. 그리고 프린스턴으로 간 지 몇 개월 후인 1758년 3월 22일, 에드워즈는 천연두 예방 접종의 합병증으로 세상을 떠났다.

오늘날에도 여전히 사람들은 에드워즈의 방대한 저작들을 읽고 묵상하며 높이 평가한다. 게다가 그 저작들은 에드워즈를, 어떤 이들의 평가처럼 미국의 마지막 청교도이자 최고의 신학자로 올려놓는 근거가 되었다.

추천 도서

'조나단 에드워즈 저작 전집(The Works of Jonathan Edwards)'은 총 2권으로 되어 있으며, 몇 가지 위대한 고전들이 수록되어 있다.

『놀라운 회심 이야기』(Narrative of Surprising Conversions, 부흥과개혁사 역간)

『구속사』(A History of the Work of Redemption, 부흥과개혁사 역간)

『이신칭의』(Justification by Faith Alone, 그리심 역간)

『자선과 그 열매』(Charity and Its Fruits, 『사랑 – 고린도전서 13장』 청교도신앙사 역간)

『의지의 자유』(*The Freedom of the Will*, 부흥과개혁사 역간)와 『원죄론』(*Original Sin Defended*, 부흥과개혁사 역간): 이 책들은 특히 가장 도전적인 고전으로, 읽어 볼 만한 가치가 있다.

『신앙과 정서』(*The Religious Affections*, 지평서원 역간): 이 책은 영적 생활에 관하여 미국에서 가장 탁월한 고전으로 여겨진다.

『데이비드 브레이너드 생애와 일기』(*The Life and Diary of David Brainerd*, CH 북스 역간): 이 책은 어거스틴의 고백록과 견줄 만큼 감동적인 영적 고전으로, 하나님의 영광으로 불타오르는 젊은 선교사의 영적 성장과 강렬한 분투를 그리고 있다.

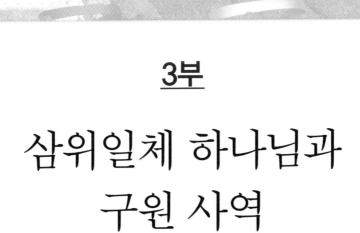

3부

삼위일체 하나님과
구원 사역

15. 삼위 하나님과의 교제

존 오웬의 『하나님과의 교제』(1657)는 청교도들의 뛰어난 많은 경건신학서들 중에서도 단연 탁월한 작품이다. 본질적으로 이 작품은, 그리스도인들에게 삼위일체주의자로서 믿고 행하기를 촉구하며, 삼위일체주의를 단호하게 고수하고 철저하게 적용하려는 오웬의 신학적 열정을 잘 보여 준다.

단순히 말해, 오웬은 어느 누구도 일반적으로 '하나님'과 관계를 맺는다는 것 자체가 불가능하다는 점을 강조한다. 하나님께는 우리가 관계 맺을 만한 분리된 신성이 존재하지 않는다. 그러므로 우리는 아타나시우스 신경(Athanasian Creed) 3항처럼 고백해야 한다. "우리는 신격의 혼합이나 본체의 분리가 아닌 연합 가운데 삼위로 계시는 한 분 하나님을 예배한다."

삼위일체의 각각의 신격은 다른 신격과 분리되지 않고 구별된다. 오웬은 우리가 어떻게 각각의 신격과 구별된 교제를 나눌 수 있는지를 보여 주고자 한다. 오웬은 여러 본문을 근거로 하여 자신의 주장을 펼치는데, 그중에서 고린도

후서 13장 13절이 가장 대표적이다.

"주 예수 그리스도의 은혜와 하나님의 사랑과 성령의 교통하심이 너희 무리와 함께 있을지어다."

성부 하나님과의 교제

오웬은 사랑이 우리와 성부 하나님이 나누는 교제의 본질이라고 말한다. 오웬은, 성부 하나님을 '사랑'이 아니라 우리와 멀리 떨어진 초월적인 존재요 몹시 엄격하고 화를 내시는 분으로 쉽사리 단정짓는 경향이 우리에게 있음을 예리하게 지적한다. 우리는 성부 하나님이 오직 예수님의 피를 통해서만 우리를 불쌍히 여기고 너그럽게 대하시는 분이라고 생각한다. 그러나 오웬은 성부 하나님이 사랑의 진정한 기원이요 원천임을 분명히 밝힌다.

오웬은 하나님의 사랑을 포함하여 모든 것의 원천이 되시는 하늘에 계신 하나님에 관해 다음과 같이 기록한다. "당신이 샘 근원 위에 앉아 있다면, 잠시 후 당신은 성부에게서 흘러나오는 달콤한 시냇물을 더 빨리 맛볼 것이다. 성부에게서 도망친다 해도, 결코 잠시라도 하나님에게서 멀어질 수 없을 것이다."[1]

그렇다면 성부 하나님의 사랑은 어떤 사랑인가? 첫째, 오웬은 이 사랑이 "만족하는 사랑," 즉 그 대상을 즐거워하는 사랑이라고 말한다. 성부 하나님은 자기 자녀를 즐거워하고 기뻐하며 만족해하신다(습 3:17 참고). 둘째, 성부 하나님은 그리스도 안에서 자기 자녀를 사랑하신다. 왜냐하면 그리스도는 "성부 하나님이 자신의 끝없이 영원한 사랑에서 흘러나오는 모든 부요한 은혜를 통해 나타내신 보화이며, 우리가 성부 하나님께 올려 드리는 모든 제물들을 손으로 받

---

1) John Owen, *Of Communion with God,* in *The Works of John Owen,* ed. William Goold, 16 vols. (Edinburgh: Banner of Truth, 1965-1968), 2:36.

으시는 제사장"이시기 때문이다.[2] 셋째, 성부 하나님의 사랑은 "샘이요 원천에서 흘러나오는 사랑"으로, 언제나 풍부하게 흘러넘친다.[3] 넷째, 성부 하나님의 사랑은 성도들이 감사함으로 돌려 드리는 사랑보다 앞선다. 하나님 아버지는 자녀들이 하나님을 사랑하기 전에 먼저 그들을 사랑하신다. 마지막으로, 성부 하나님의 사랑은 신자들이 그것을 느끼든 느끼지 못하든 한결같다. 하나님 아버지의 사랑은 결코 약해지거나 흔들리거나 꺾이지 않는다.[4]

성자 하나님과의 교제

그다음으로, 오웬은 신자인 우리와 성자 하나님이 나누는 교제에 관해 말한다. 이 교제의 본질은 은혜이다. 여기서 오웬은 이 은혜의 교제를 솔로몬의 아가서에 담긴 언어와 묘사들로 가득 채운다. 그는 아가서를 그리스도와 그의 신부인 교회가 나누는 사랑을 다루는 비유로 이해한다. 그러고는 독자로 하여금 아가서로 돌아가, 구속 받은 이들이 성자 하나님의 위격과 함께, 그리고 그분의 보혈로 말미암아 나누는 달콤한 교제를 느끼도록 이끌어 간다.

오웬은 "주 예수 그리스도의 위격적 탁월함"의 몇 가지 내용들을 살피는 것으로 시작한다. 왜냐하면 그것을 이해하는 것이야말로 우리 마음이 그분을 향해 뜨거워지는 길이기 때문이다. 여기서 그는 그리스도를, 우리 마음이 이끌릴 수밖에 없을 만큼 거부할 수 없는 매력을 지니신 분으로 소개한다. 게다가 그리스도는 그분 자체로 아름답고 추구할 만한 대상이실 뿐만 아니라, 자신을 믿는 자들을 기뻐하고 사랑하여 그들에게 자기 자신을 온전히 내주신 분이다. 그러므로 그리스도는 신자로 하여금 자신을 드려 그리스도를 기뻐하며 그분을

---

2) Owen, *Of Communion with God*, in *Works*, 2:27.
3) Owen, *Of Communion with God*, in *Works*, 2:28.
4) Owen, *Of Communion with God*, in *Works*, 2:29,30.

사랑하게 하신다.

또한 오웬은 성자 하나님께서 우리를 위해 행하신 일을 다룬다. 놀랍게도 오웬은 청교도들에게서 눈에 띄게 드러나는 바와 마찬가지로, 그리스도가 삶과 죽음과 부활과 승천을 통해 우리에게 하나님을 심오하게 즐거워하는 힘을 주는 중보자가 되셨다는 신앙을 주해한다.

성령 하나님과의 교제

마지막으로, 오웬은 우리와 성령 하나님이 나누는 교제로서, 위로에 관해 이야기한다. 오웬은 성령 하나님께서 본질적으로 성화의 영이시라고 주장한다. 이것은 다음과 같은 의미를 가진다. 첫째, 성령은 그들을 거듭나게 하며, 복음 설교를 통하여 그들을 믿음으로 이끌고, 하나님의 백성으로 구별하신다. 둘째, 성령은 그리스도를 믿는 믿음으로 말미암아 세상에서 구별된 자들을 위로하신다. 오웬은 오직 그리스도 안에서만 이 위로를 발견할 수 있다고 말한다. 오직 성령께서, 신자들이 그리스도 안에서 소유하게 된 것을 신자들에게 적용함으로써 위로를 베푸신다.

다시 말해, 성령은 우리 마음에 하나님의 사랑을 부으시고 복음의 진리를 확증하심으로써, 성부 하나님 및 성자 하나님과 나누는 신자들의 교제를 실제적이고도 즐거운 것으로 만드신다. 사탄은 우리에게서 확신과 위로를 빼앗아 가는 반면, 성령은 진리를 확신하고 즐거워하게 하신다. 오직 성령만이 이 일을 하실 수 있다.

이 세상에서 그리스도가 제자들에게 끼친 영향이 크지 않은 것처럼 보였지만, 성령께서 그들의 마음에 임하시자 그들은 모두 그리스도와 하나님을 위하여 불타올랐다. 오웬은 바로 이 사실에 주목하면서 이렇게 결론 내린다. "성령의 사역은 우리의 지성과 마음에 그리스도의 약속들을 끌어오고, 그것들을 통해 위로와 즐거움과 달콤함을 주시는 것이다. 이 사역은 세상 끝 날까지 계속될 것이다."[5]

어떤 독자들은 지금까지 설명한 내용을 모두 듣고서도, 성령을 단순히 비인격적인 신적 영향력이나 힘 정도로 생각할 것이다. 오웬 역시 그 사실을 잘 알고 있었다. 그래서 오웬은, 성령께서 성자 하나님의 은혜를 전달하기 위해 성부 하나님의 사랑 가운데 내보내심을 받으셨지만, 동시에 여전히 자신의 뜻 가운데 오셨음을 강조한다. 성령님은 참된 인격이시며, 따라서 그분을 다음과 같이 진술할 수 있다. "하나님이신 성령은 성부 및 성자 하나님과 동일하게 우리가 탄원하고 기도하며 불러야 할 하나님이시다."[6]

그러므로 성령은 결코 택자들을 떠나시지 않지만, 신자들이 성령님을 탄식하게 하거나 그분께 저항하는 경우에는 이따금씩 자신의 위로를 거두어 느끼지 못하게 만드시기도 한다.

결론

오웬은 매우 강력하게 삼위일체적인 결론을 도출한다.

신적 사랑의 임재는 성부 하나님에게서 시작하여, 성자 하나님에 의해 수행되고, 성령 하나님에 의해 전달된다. 질서에 따라 성부께서 계획하시고, 성자께서 구속하시며, 성령께서 효과적으로 적용하신다. 우리가 구원에 참여하게 되는 일은, 우선 성령께서 역사하여 성자이신 예수님의 보혈에 관심을 가지게 되고 성부 하나님께서 우리를 받아 주심으로써 이루어진다.[7]

---

5) Owen, *Of Communion with God*, in *Works*, 2:237.

6) Owen, *Of Communion with God*, in *Works*, 2:229,230.

7) Owen, *Of Communion with God*, in *Works*, 2:180.

오웬은 삼위일체주의자로서 믿고 행해야 한다는 주장의 논거를 매우 강력하게 제시한다. 그러나 다른 측면에서 보자면, 이것은 하나님의 말씀에서 발견되는 진리와 충만한 생명을 일반적으로 생명 없는 헛된 유신론과 무력하고 이상주의적인 도덕주의로 전락시키고 축소하려는 파괴적이고도 빈곤한 경향이 신학과 예배 안에 있다는 것을 방증한다.

16. 성부 하나님
: 예정과 창조, 그리고 섭리

청교도들의 신학은 모두 복되신 하나님이라는 관점에서 시작된다. 그들은 살아 계신 하나님, 아무것도 부족하지 않으며 스스로 완전히 충분하신 하나님을 보았다. 바로 이 하나님의 완전성에서 복음의 모든 선함이 흘러나온다. 이에 관해 리처드 십스는 다음과 같이 말한다.

성부와 성자와 성령은 창세전부터 서로를 행복해하며 즐거워하십니다. 하나님은 마치 창조나 구속이 전혀 없었던 것처럼, 자신의 선하심을 나누고 전하기를 기뻐하십니다. 하나님께서 피조물을 사용하시는 것은, 그분의 능력이 부족하여 피조물 없이는 아무것도 하실 수 없기 때문이 아니라 자신의 선하심을 전하기 위함입니다……이러한 선함은 마치 샘 근원처럼, 즉 사랑으로 젖을 샘솟게 하는 가슴처럼 오직 하나님께만 있습니다.[1]

달리 말하자면, 청교도들은 만물의 배후에 계시는 사랑과 풍요의 영광스러운 하나님, 즉 서로 영원히 사랑하며 교제하시는 성부와 성자와 성령 하나님을 보았다. 하나님은 하나님이 되기 위해서나 자신이 느끼는 필요를 채워 만족하기 위해 세상을 창조하셔야만 하는 분이 아니다. 하나님의 신성에 깃든 위엄은 세상이나 하나님 외부에 존재하는 어떤 것에 의해 좌우되지 않는다.

하나님의 주권적인 계획

하나님은 자기 아들과 교제하기를 매우 기뻐하시며, 그를 향해 자신의 사랑을 넘치도록 부으시고, 영원하신 성자께서 많은 아들 중 맏아들이 되도록 작정하기를 기뻐하셨다. 사도 바울은 로마서 8장 29절(또한 에베소서 1장 3-5절을 보라)에서 이것을 다음과 같이 선언한다.

"하나님이 미리 아신 자들을 또한 그 아들의 형상을 본받게 하기 위하여 미리 정하셨으니 이는 그로 많은 형제 중에서 맏아들이 되게 하려 하심이니라."

피조물에 지나지 않는 자들이 하나님의 은혜로 말미암아 "하나님 아버지의 달콤한 이름으로" 하나님을 알고, 부르고, 그분을 영화롭게 할 수 있게 되었다.[2]

따라서 청교도들은 우주의 역사와 그 작용이 (창조와 구속 모두에서) 불확실하거나 변화하는 토대나 조건에 따라 만들어지지 않았음을 분명히 보았다. 하나님이 온 세상의 원작자이시다. 피조물의 존재와 역사과 구속계획의 계시는 변경할 수 없는 하나님의 완전하신 의지에 직접 근거한다.

청교도들은 그들 이전의 종교개혁자들처럼 로마서 9-11장에 근거하여, 하나님의 이 영원한 계획에 두 가지 국면의 예정이 포함된다는 데에 동의했다. 그

---

1) Richard Sibbes, "The Successful Seeker," in *Works of Richard Sibbes*, ed. Alexander Grosart, 7 vols. (repr., Edinburgh: Banner of Truth, 2001), 6:113.
2) Sibbes, "The Matchless Love and Inbeing," in *Works*, 6:386.

중 하나는, 하나님 아버지께서 주권적이고도 무조건적인 은혜로 말미암아 영원 전부터 영원 후까지 그리스도 안에서 사랑하기로 정하신 자들, 곧 영생을 주기로 작정하신 자들을 선택하시는 것이다. 다른 하나는, 하나님 아버지께서 주권적이고도 공의로운 진노 아래 영원 전부터 영원 후까지 그들의 죄 가운데 영원토록 버려두고 지나치기로 정하신 자들을 유기하시는 것이다.

청교도들에 따르면, 예정의 신비와 경이로움은 어떤 죄인들이 영원히 잃어버린 바 된다는 데에 있지 않고, 오히려 우리 모두가 영원히 유기되어 마땅한데도 하나님께서 놀라운 사랑과 은혜로 그 가운데 어떤 죄인들을 구원하신다는 데에 있다.

청교도들은 선택 교리를 죄인들의 친구로 여겼다. 만일 하나님의 선택이 없었다면, 구원의 소망도 전혀 없었을 것이다. 이안 머리(Iain Murray)는 다음과 같이 말한다. "선택 교리는 청교도들에게 결정적으로 중요한 교리이다. 그들은 (제롬) 잔키우스(Jerome Zanchius)와 같이, 이 교리가 '기독교 교리의 전체 체계를 관통하는 황금줄'과 같다고 믿었다. 그들은, 이 진리에서 벗어나면 가시적 교회가 하나님의 심판과 진노에 떨어지고 말 것이라고 생각했다."[3] 청교도들에게 예정은 단순히 정통 신학이 아니었다. 예정은 복음과 경건에 관한 본질적인 교리였다.[4]

하나님의 주권적인 창조

성부 하나님은 신적 부요하심과 주권적 목적에 따라 피조 세계를 창조하여

3) Iain Murray, "The Puritans and the Doctrine of Election," in *Puritan Papers, Volume One*, 1956-1959, ed. D. Martyn Lloyd-Jones (Phillipsburg, N.J.: P & R, 2000), 5. 이에 관해서는 다음 작품을 참고하라. *The Doctrine of Absolute Predestination* by Girolamo Zanchi (1516-1590), chap. 5.

4) Dewey D. Wallace Jr., *Puritans and Predestination: Grace in English Protestant Theology, 1525-1695* (Chapel Hill: University of North Carolina Press, 1982), 43,44.

존재하게 하셨다. 따라서 요한계시록 4장 11절의 외침은 모두 하나님께로 돌아간다.

"우리 주 하나님이여, 영광과 존귀와 권능을 받으시는 것이 합당하오니 주께서 만물을 지으신지라. 만물이 주의 뜻대로 있었고 또 지으심을 받았나이다 하더라."

피조 세계는 하나님의 영원한 목적에 따라 성자 하나님으로 말미암아, 그리고 그분을 위하여 존재하도록 창조되었다(골 1:15,16 참고). 또한 하나님은 자신의 성품에 합치되도록 만물을 선하게 창조하셨다. 죄와 악은 하나님이 창조하신 세계에 본래 속해 있는 것이 아니라, 감염된 이질적인 것이다.

청교도들은 이 창조 교리를 매우 진지하게 다루었으며, 따라서 삶에서 성-속 이원론을 배격했다. 그들은 수도원에 은둔할 필요가 전혀 없었다. 조지 스윈녹이 잘 말했듯이, 그리스도인들은 "자신의 일터를 예배당처럼 거룩한 처소"로 여겨야 한다.[5]

하나님의 주권적인 통치

청교도들은 하나님께서 계획하고 존재하게 하신 것들을 친히 계속 보존하고 유지하며 통치하시리라 확신했다. 그러하기에 이 모든 교리는 그들이 날마다 꾸려 가는 일상에 전적으로 적실했다. 그 어떤 것도 하나님의 관심과 뜻을 벗어날 수 없다. 그러므로 하나님은 피조물을 그분 자신의 영광스러운 목적을 위해 합력하여 선을 이루도록 운행하고 만물을 유지하며 통치하신다.

중요한 것은, 피조 세계를 향한 하나님의 섭리적 통치가 하나님의 모든 피조물과 피조물의 행위로 확장된다는 사실이다. 이 세상에서 그들에게 어떤 일이 일어나든 말이다. 특히 청교도들은 엄청난 고난을 견뎌야 했기에, 이런 진리를

---

5) George Swinnock, *The Christian Man's Calling*, in *The Works of George Swinnock*, 5 vols. (Edinburgh: Banner of Truth, 1992), 1:42.

통해 위로를 받고 삶을 지탱할 수 있었다.

예를 들어, 존 플라벨의 『섭리의 신비』를 읽어 보라. 플라벨은 사역으로 말미암아 정부로부터 심한 핍박을 받았고, 아들이 죽고 잇달아 세 아내가 죽는 일을 감당해야 했다. 그 고난의 한가운데서 하나님의 섭리적 통치와 보호는 플라벨에게 위로의 중심이 되었다. 특히 신자에게는 견디기 어려운 섭리가 하나님의 심판이 아니라 입양한 아들을 향한 뜻에서 흘러나오는 아버지의 관심과 보호의 표징이라는 사실을, 플라벨이 잘 알았기 때문이다. 플라벨은 짧은 시에서 시험과 시련을 당하는 중에도 심오한 위로와 소망을 발견하였다는 사실을 잘 표현했다.

만일 사탄이 적어도 유혹에 관한 한 그 결말을 알 수 있었더라면,

거의 누구도 유혹하지 않았으리라.

그러나 성도들은 그들의 고난이 가져올 열매를 볼 수 있었기에

그 고난의 한가운데서 외치고 노래를 불렀도다.

오, 거룩한 지혜여! 찬탄할 수밖에 없도다.

성도들이 어떻게 불에서 구원받고 불로 구원 얻는지를 보라!

의심할 여지 없이 오직 영광 가운데 있는 성도만이

거의 이해할 수 없는 그 기이한 방법 위에 서 있도다![6]

---

6) John Flavel, *A New Compass for Seamen; or, Navigation Spiritualized*, in *The Works of John Flavel*, 6 vols. (repr., Edinburgh: Banner of Truth, 1968), 5:281.

3부_16. 성부 하나님: 예정과 창조, 그리고 섭리 119

17. 중보자이신 그리스도

청교도들은 온 힘을 다하여 전적으로 그리스도를 중심에 두는 사람들이었다. "하늘의 의사"라고 불리는 리처드 십스는 『꺼져 가는 심지와 상한 갈대의 회복』에서 "그리스도의 은혜로운 본성과 직무가 그분을 향한 모든 섬김과 그분에게서 나오는 위로의 원천"이라고 올바르게 이해했다.

십스는 '그리스도가 최고이시다'라는 제목으로 빌립보서 1장 23,24절 말씀을 설교한 적이 있다. 그 설교에서 그는 살아 있는 신앙을 죽은 종교와 비교한다. 죽은 종교에서는 '천국을 얻기' 위해 '은혜'를 받는 것에 대해 쉽게 말할 수도 있다. 그러나 바울은 그렇지 않다. 바울은, 그저 천국에 가는 것이 아니라 이 세상을 떠나 그리스도와 함께 거하기를 바란다고 말한다. 그러하기에 십스는 "그리스도가 안 계신 천국은 천국이 아니다"라고 말한다.[1]

---

1) Sibbes, "Christ is Best; or, St. Paul's Strait," in *Works*, 1:339.

청교도들은, 참된 믿음이란 어떤 추상적인 구원의 체계를 구매하는 것(심지어 그리스도께서 지불하신 것이라 할지라도)이 아니라고 강조했다. 참된 믿음에서 가장 중요한 것은, 그리스도 자신의 말씀과 성령으로 그분을 알고 믿고 사랑하고 추구하게 만드시는 그리스도 자체이다. 그리스도는 하나님을 아는 길이요 그리스도를 더욱 닮아 가는 경건을 아는 길이시다.

하나님을 아는 길이신 그리스도

이와 비슷한 맥락에서, 존 오웬은 참된 믿음이 성경을 "개념적으로 아는 지식"이 아니라 그리스도의 인격을 믿는 믿음이라는 것을 주장하기 위하여 『기독론』(*Christologia*)을 썼다. 왜 그러한가? 그 이유에 대해, 오웬은 "그리스도를 믿는 믿음이 하나님을 참되게 아는 지식에 이르는 유일한 방편"이기 때문이라고 말했다.[2]

청교도들은 믿음을 이렇게 정의함으로써 탁월하게 경건한 신학을 이루어 갈 수 있었다. 그들은 "영혼을 위한 닭고기 수프(Chicken soup for the soul)"만을 제공하지 않았다. 도리어 그들의 신학은 항상 송영으로 이끌었고, 마음을 높여 하나님을 찬양하게 만들었다.

하나님의 속성을 다루는 청교도의 작품들 중 스테판 차녹(Stephen Charnock, 1628-1680)의 『하나님의 존재와 속성』(*Discourse on the Existence and Attributes of God*, 부흥과개혁사 역간)은 매우 결정적인 좋은 예이다. 또 다른 작품에서 차녹은 강렬한 어조로 다음과 같이 말한다.

하나님은 빛의 아버지요 지고한 진리이며 가장 매혹적인 분이 아니신가……

---

2) Owen, *Christologia*, in *Works*, 1:77.

그분은 어둠이 없는 빛이요 불친절이 없는 사랑이며, 악이 없는 선함이요 더러움이 없는 정결함이며, 모든 이의 경배를 받으실 분이요 혐오할 만한 흠이 전혀 없는 분이 아니신가? 다른 모든 것들은 그분에 비해 대단히 짧고, 태양의 영광 아래 쌓인 배설물 덩어리보다 더 추하지 않은가?[3]

하나님의 어디에서 그런 기쁨을 발견할 수 있을까? 차녹의 글보다 더 명백할 수 없다. 살아 계신 하나님을 참되게 아는 지식은 오직 그리스도 안에서, 그리스도를 통해서 발견된다. 그리스도 안에서 우리가 보는 것은 얼마나 아름다운지, 슬픈 사람이 노래하고 죽은 사람이 살아나게 될 정도이다.

그리스도 안에서는 하나님의 어떤 것도 신자에게 무시무시한 것으로 나타나지 않는다. 태양이 뜨고 그림자가 사라지며, 하나님께서 사랑의 성벽 위를 걸으시고, 공의가 구세주의 옆구리에 흔적으로 남겨지며, 율법이 힘을 잃고 그 손에서 무기를 떨구며, 하나님의 품이 열려 그분의 품속에서 열망하고 그분의 마음으로 소원하게 되는 것, 그 달콤함과 사랑이 모두 다 하나님의 마차 안에 있다. 예수 그리스도 안에서 영광스러운 자비와 공의를 확신함으로써 하나님을 알게 되는 것이 바로 영원한 생명이다.[4]

실제로 오웬은, 하나님께서 오직 그리스도를 통해 복을 베푸시기 때문에, "구약 시대를 살았던 성도들의 믿음이란 주로 그리스도의 인격, 즉 그분이 어떠하며 때가 차매 그리스도가 여인의 후손으로 오실 때에 어떠하실지를 중히 여기

---

3) Stephen Charnock, *Discourse of the Knowledge of God*, in *The Works of Stephen Charnock*, 5 vols. (repr., Edinburgh: Banner of Truth, 1985), 4:91. "Cab": dialect for "gob" or lump.

4) Charnock, *Discourse of the Knowledge of God in Christ*, in *Works*, 4:163.

는 것"이라고 말하는 것이 합당하다고 했다.[5]

경건으로 향하는 길이신 그리스도

오웬은, 우리가 그리스도를 사랑하도록 부르심을 받은 이유를 성부 하나님께서 그리스도를 사랑하시기 때문이라고 말한다. 하나님의 사랑은 본래적이고도 기원적이다. 이 세상에서 우리가 보는 사랑은 모두 이 근원적인 사랑의 복사본이요 그림자이다. 성자 예수님을 향한 우리의 사랑은 성부 하나님의 최초의 사랑을 반영한다. 그러므로 성자 하나님을 사랑하는 마음과 정서는, 성부 하나님을 무시하거나 치욕스럽게 하지 않는다. 오히려 오웬은 다음과 같이 말한다. "거기에는 우리가 하나님의 형상으로 변화되는 일의 핵심 요소가 담겨 있다. 예수 그리스도를 사랑하는 것만큼이나 우리로 하여금 더욱 하나님을 닮아 가게 하는 것도 없다."[6]

우리가 성자 하나님을 사랑하면 성부 하나님을 닮게 된다. 또한 우리가 성자 하나님을 신뢰하면 성자 하나님을 닮게 된다. 왜냐하면 우리는 항상 우리가 신뢰하는 존재를 닮기 때문이다. 그러므로 우리가 그리스도를 믿을 때, 우리는 성부 하나님이 사랑하시는 분을 닮아 가게 된다. 곧 우리가 하나님의 형상을 본받게 된다.

청교도의 기독론을 읽음으로써 얻을 수 있는 효과를 종합하여 단순하게 요약하자면, 그것이 초청장을 읽는 것과 같다고 말할 수 있다. 오웬은 이 부분을 명료하게 설명한다.

우리 가운데 누구든지 우리 안에서 은혜가 힘을 잃고 쇠약해지는 것을 발견

---

5) Owen, *Christologia*, in *Works*, 1:101.
6) Owen, *Christologia*, in *Works*, 1:146.

할 수 있는가? 죽은 것 같음, 냉담함, 미지근함, 일종의 영적 어리석음과 무분별함이 우리를 향해 다가오는 것을 아는가? 적절한 시기에, 그리고 하나님과 교제해야 할 의무 안에서 그 은혜가 강렬하게 역사하기를 원하지 않으면서도 이런 위험한 질병에서 회복되기를 원하는 우리를 발견하는가? 우리가 치료 받고 건짐 받기에 더 좋은 방법이 없음을 확신하라. 그렇다. 그리스도의 영광을 생생하게 보기를 구하며 그 안에 계속 거하는 것 외에 다른 길은 없다. 그리스도와 그분의 영광을 끊임없이 묵상하고 모든 은혜의 부흥을 위해 변화되는 힘을 발휘하는 것이야말로 이러한 것에서 건짐 받을 수 있는 유일한 길이다.[7]

이와 같이 청교도들에게 그리스도는 가장 소중하고도 전적으로 사랑스러운 분이시다. 토마스 브룩스는 그에 관해 이렇게 말한다. "그리스도는 사랑스러운 분이십니다. 그리스도는 진실로 사랑스러운 분이십니다. 그리스도는 최고로 사랑스러운 분이십니다. 그리스도는 항상 사랑스러운 분이십니다. 그리스도는 전적으로 사랑스러운 분이십니다……그리스도는 영광의 반지에서 가장 빛나는 다이아몬드이십니다."[8]

---

7) Owen, *The Glory of Christ*, in *Works*, 1:395.

8) Blanchard, comp., *Complete Gathered Gold*, 347.

18. 우리를 동정하시는 중재자 그리스도

　토마스 굿윈은 철저하게 청교도적 배경 아래 하나님을 경외하는 가정에서 자랐다. 그러므로 굿윈이 매우 젊을 때부터 설교자가 되고자 한 것은 놀랄 일이 아니었다. 그러나 훗날 굿윈이 고백했듯이, 사실 그는 설교단에서 "대단히 재치 있는" 사람으로 알려지고 싶은 동기와 사람들에게서 박수와 칭찬을 받고 싶은 욕망에서 그 길을 가고자 했다.

　그러다가 1620년, 굿윈은 케임브리지의 캐서린 홀의 연구원으로 임명되었고, 어느 장례식에서 설교를 듣게 되었다. 그리고 이 설교를 통해 그는 깊이 감화되었고, 자신의 영적 상태를 매우 걱정하기에 이르렀다.

　이 사건을 계기로, 굿윈은 자신 안에 은혜의 표지와 흔적이 있는지를 찾으며 7년 동안 암울한 자기 성찰의 시기를 보냈다. 그리고 오직 자신 밖(오직 그리스도 안에서의 안식)을 바라보라는 말을 듣고 은혜 가운데 이 조언을 받아들였을 때, 비로소 안식을 얻을 수 있었다. 굿윈은 이에 대해 다음과 같이 말했다. "나는 지금 이 길에 서 있습니다. 표적 그 자체로는 내게 아무런 유익이 없습니다. 나는 칭의를 확신하기 위해 습관적인 은혜를 너무 많이 의지했습니다. 다시금 말하지만, 그리스도 한 분만으로 충분합니다."[1]

이 일이 있고 나서 얼마 지나지 않아, 굿윈은 리처드 십스를 이어 케임브리지의 홀리 트리니티 교회에서 설교를 책임지는 목사가 되었다. 이것은 굿윈의 변화에 어울리는 자리였다. 자기 성찰의 시기에 그는 양심을 속박하는 설교를 전했다. 그러나 그리스도의 무조건적인 은혜를 깨달은 후에는 그 은혜로 말미암아 리처드 십스처럼 그리스도 중심의 설교를 전하게 되었다.

언젠가 십스는 굿윈에게 이렇게 조언했다. "젊은이여, 그대가 선을 행하려거든 반드시 복음을 전하고, 그리스도 예수 안에 있는 하나님의 무조건적인 은혜를 전해야 하네." 그리고 이제 굿윈은 바로 그 일을 하고 있었다.

굿윈의 경험은 그의 가장 대중적인 두 작품인 『눈 앞에 보이는 그리스도』와 『이 세상 죄인들을 향한 하늘에 계신 그리스도의 마음』을 쓰는 배경이 되었다. 이 책에서 굿윈은, 많은 그리스도인들이 (한때 자신과 같이) 그리스도의 도에 관해 초보적인 단계에 지나치게 머물러 있는 탓에 그리스도 자체를 추구하지 못한다고 염려한다. 실제로 굿윈은 "너무나 많은 이들이 자신의 마음에 갇힌 채, (시편 기자가 하나님에 관해 말하듯이) '거의 그리스도를 마음에 모시지 않는다'"라고 경고한다.[2] 굿윈은 "우리에게서 눈을 들어 전적으로 그리스도를 바라보라"고 권고하면서, 우리가 그렇게 하지 않는 것은 매우 간단하게도 주 예수 그리스도를 아는 우리의 지식이 "황폐하기" 때문이라고 확언했다.

그러하기에 굿윈은 청교도의 그리스도 중심성을 따르고자 했다. 『눈 앞에 보

1) "The Memoir of Thomas Goodwin···by His Son," in *The Works of Thomas Goodwin* (repr., Grand Rapids: Reformation Heritage Books, 2006), 2:lxx.
2) Goodwin, *Christ Set Forth*, in *Works*, 4:3.

이는 그리스도』에서, 굿윈은 그리스도를 제시함으로써 우리로 하여금 그분을 바라보며 믿음의 항해를 하게 하고자 했다. 이 일은 놀랍게도 성공적이었다!

굿윈에 따르면, 그리스도는 구원 얻는 믿음의 참된 대상이요 후원자이시다. 또한 그리스도는 우리의 모든 칭의의 원인이요 근거이시다. 하나님은 그리스도 안에서, 즉 그리스도의 삶과 죽음과 부활과 승천과 현재적 중보를 통해 우리가 완전히 의롭게 되는 데 필요한 모든 것을 제공하신다.

굿윈은 그리스도의 중보에 관한 첫 번째 부분을 마무리하면서, 하늘에 계신 그리스도의 마음이 이 땅에 있는 죄인에게 어떤 식으로 영향을 미치는지를 고찰하는 것이 적절하다고 판단했다. 그래서 그는 후속 작품인 『이 세상 죄인들을 향한 하늘에 계신 그리스도의 마음』에서, 하늘의 모든 위엄을 지닌 그리스도가 신자들에게 냉담하거나 무관심하지 않고 그들을 매우 사랑하신다는 점을 성경을 통해 보여 주고자 했다. 그는 이를 염두에 두고서 이렇게 말했다. "신자들이 더욱 담대하게 은혜의 보좌 앞으로, 그리고 구세주요 대제사장이신 분에게로 나아오도록 격려하라. 지금 영광 중에 계신 그분이 얼마나 다정하고 부드러운 마음으로 그들을 바라보시는지를 알게 될 것이다."[3]

굿윈은, 그리스도가 모든 영광스러운 거룩함 가운데 하늘에 계시지만 자기 백성에게서 멀리 계시지 않음을 보여 준다. 이 세상의 그 무엇보다 더 크신 그리스도의 마음이 그들을 향한 부드러운 사랑 가운데 그 어느 때보다 더 강하게 고동친다. 특히 두 가지가 그리스도의 동정심을 자극한다. 하나는, 우리가 당하는 고통이다. 그리고 다른 하나, 거의 믿지 못하겠지만, 우리의 죄이다. 실제로 굿윈은 이렇게 말한다.

---

3) Goodwin, *The Heart of Christ in Heaven towards Sinners on Earth*, in *Works*, 4:95.

그대가 저지르는 죄들은 그리스도를 화나게 하기보다 더욱 불쌍히 여기게 만든다……그렇다. 그대를 불쌍히 여기는 그리스도의 마음은, 마치 혐오스러운 질병에 걸린 아이를 바라보는 아버지의 마음처럼 더욱 커져만 간다……그리스도는 죄의 파멸과 멸망으로부터 그대를 구원하기 위해 오직 죄만을 미워하신다. 그리고 그리스도의 마음은 그대에게로 더욱 가까이 향할 것이다. 그대가 다른 고난을 당할 때와 마찬가지로, 죄 아래 처할 때에도 더욱 그러할 것이다. 그러므로 두려워하지 말라. "도대체 무엇이 우리를 그리스도의 사랑에서 끊을 수 있겠는가?"[4]

오늘날 우리에게는 굿윈과 굿윈의 메시지가 얼마나 필요한가! 우리가 하나님을 지겨워하거나 불안해하는 생각과 죄를 사랑하는 데에서 벗어나려면, 바로 이러한 그리스도를 알아야 한다. 만일 오늘날의 설교자들이 굿윈처럼 바뀔 수 있다면, 또한 굿윈처럼 설교할 수 있다면, 굿윈이 말한 대로 더 많은 신자들이 숨을 거둘 때에 "그리스도께서 지금보다 더 나를 사랑하실 수 없으며, 또한 생각하건대 나도 지금보다 그리스도를 더 사랑할 수 없습니다"라고 고백하게 될 것이다.[5]

---

4) Goodwin, *The Heart of Christ in Heaven towards Sinners on Earth*, in *Works*, 4:149.
5) "Memoir," in Goodwin, *Works*, 2:lxxiv-lxxv.

19. 성령

종교개혁 사상은 언제나 성령을 특별히 강조했다. 특히 청교도들이 그러했다. 존 칼빈을 제외하면, 청교도들 이전에는 성령의 신학과 사역을 이토록 철저하게 발전시키고 적용한 신학자들이 없었다. 리처드 십스는 그 이유를 다음과 같이 밝힌다.

그리스도를 더욱 많이 발견할수록 성령을 더욱 많이 깨닫게 됩니다. 그리스도께서 우리를 위해 무슨 일을 하셨는지, 그분이 무엇을 가지고 계시며 얼마나 부요하신지가 교회에 더욱 많이 드러날수록, 성령도 그들과 함께하십니다. 오직 그리스도 안에 있는 하나님의 무조건적인 은혜와 사랑이 교회에 더욱 많이 알려질수록, 성령께서 더욱 충만히 거하십니다. 바꾸어 말하면, 성령께서 더욱 충만히 임하실수록, 그리스도를 더욱 많이 알게 됩니다……지난 100년 동안, 개혁의 시기에, 성령께서 임하여 빛을 비추고 위로를 베푸셨습니다.

그리스도인들은 성령의 위로 가운데 살았고, 그 위로 가운데 죽었습니다. 왜 그러했습니까? 그리스도께서 더 많이 알려지셨기 때문입니다.[1]

로마 가톨릭교회에서는 성령의 사역이 사실상 성례적 체계로 대체되었다. 퀘이커교도들에게 성령은 그리스도나 성경과는 전혀 상관 없는 경험들과 계시를 전달하는, 거의 다른 종류의 신으로 유리되었다. 소시니안주의자들은 성령을 비인격적인 작용이나 힘으로 생각했다. 그 밖에 수많은 상황들 속에서 성령은 단순히 잊히거나 무시되었다.

청교도들은 이런 사상과 경향들에 반대하고, 성령께서 성부 및 성자 하나님과 더불어 한 분이면서 구별되는 성령 하나님으로서, 완전한 하나님이요 전적으로 인격적인 분이심을 분명히 밝혔다. 성경은 성령을 인격적인 분으로 증언한다. 성령은 이해하고 결정하고 행동하며 가르치고 인도하신다. 또한 성령은 시험을 당하고 탄식하고 저항을 받으며 꺼뜨려지고 모독을 받으며 속이려는 시도를 당하신다.

성령의 사역

존 오웬의 『성령론』(Pneumatologia)은 성령의 인격과 사역을 다루는 최고의 작품으로 꼽힌다. 여기서 그는 창조로부터 구속 사역 또는 새 창조 사역에 이르기까지 성령이 어떻게 역사하시는지를 살핀다. 오웬에 따르면, 창조에서 성령은 기운을 돋우며 생명을 주는 역할을 하신다. 비둘기가 낳은 알을 품듯이, 성령께서 창조 세계를 품으시고, 지상에 살아 있는 모든 존재에게 생명을 부여하신다. 또한 구속 사역의 경륜이 펼쳐질 때, 성령은 하나님의 교회 안에서 교

---

1) Sibbes, "The Excellency of the Gospel above the Law," in *Works*, 4:214,215.

회와 함께 일하셨다(그리고 일하고 계신다!).

구약 시대 가운데서 성령은 예언하게 하시고 성경을 기록하게 하셨으며, 이적을 행하시고 사람들에게 능력을 부으셨다(예를 들어, 삼손을 강하게 하셨고, 브살렐에게 매우 숙련된 기술을 주셨다). 실제로, "우리는 성령이 구약 시대에서 보게 되는 모든 선한 것들을 직접 조성한 분이심을 발견하게 된다."[2] 그 후 성령은 하늘에서 내려와 빛을 비추시고, 성육신한 하나님의 아들이신 그리스도와 함께 거하기 위해 하늘로부터 보냄을 받으셨다. 성령의 기름 부음과 능력을 받으신 그리스도는 새언약의 머리가 되셨다.

오웬은, 그리스도가 사람으로서 성령의 기름 부음을 충만히 받으셨기에 언제든지 성령에 의해 구비되고 그분의 능력으로 행하셨음을 보여 준다. 그리스도는 성령에게 이끌려 광야로 가셨으며, 성령으로 말미암아 귀신을 내쫓고 이적을 행하셨으며, 자신을 희생 제물로 드리셨고, 그 밖에도 많은 일들을 행하셨다.

이제 오웬은, 새언약의 머리이신 그리스도 안에서, 그리고 그리스도를 통하여 이루어지는 성령의 사역에서 나아가 그리스도의 몸인 교회 안에서 행해지는 성령의 사역을 살핀다. 성자 하나님은 성부 하나님께서 성령을 통해 그에게 주셨던 것을 성령으로 말미암아 우리에게 수여하신다. 성령은 우리의 머리이신 그리스도 안에 거하시고, 또한 그리스도의 몸의 지체들인 우리 안에 거하심으로써, 우리를 서로 연합시키고 그리스도와 연합시키며 하늘에 계신 우리 아버지 하나님과 연합시키신다. 그렇지 않다면, 우리는 창조자이자 심판자이신 하나님 앞에서 그저 두려워 떨면서 몸을 웅크리게 될 것이다. 그러나 우리는 성령으로 말미암아 성자 하나님과 함께 "아빠 아버지!"라고 외칠 수 있게 되었다.

오웬은 다음과 같이 결론짓는다. "하나님께서 사랑과 은혜 가운데 내려오신

---

2) Owen, *Pneumatologia*, in *Works*, 3:151.

일이 우리 안에서, 그리고 그 위에서 역사하시는 성령의 사역으로 시작되고 종결되었다. 그러므로 우리의 모든 올라감 역시 바로 그 사역으로 시작된다."[3]

성령과 그리스도인의 생활

성령의 사역에 대해 청교도들이 가진 이런 믿음은, 그들이 성령님을 그저 스스로 갱신하게 만드는 어떤 신성한 힘 정도로 여기지 않았음을 보여 준다. 그것은 그리스도인의 삶에 대한 이해가 근본적으로 달라졌음을 의미했다. 성령은 아버지로부터 내보내심을 받을 때부터 말씀을 즐거워하며 말씀에 권위를 부여하신 분이다. 성부 하나님은 성령을 통해 아들을 향한 영원한 사랑을 표현하시고, 성자 하나님은 성령을 통해 성부 하나님을 영원히 사랑하신다.

오웬에 따르면, 성부와 성자 하나님은 우리와 더불어 성령을 나누실 때 자신들의 생명과 사랑과 교제도 함께 나누신다. 성령으로 말미암아 우리는 그리스도 안에서 하나님의 자녀가 되는 새 생명을 경험한다. 또한 우리는 성자 하나님 안에서 성부 하나님의 기쁨을, 성부 하나님 안에서 성자 하나님의 기쁨을 나누기 시작한다. 성령으로 말미암아 우리는 하나님의 사랑을 따라 사랑하기 시작한다.

그러므로 조나단 에드워즈는 이렇게 말한다. "성도 안에 있는 신적 원리는 곧 성령의 본성이다. 왜냐하면 하나님의 영의 본성이 신적 사랑인 것처럼, 성도들의 마음속에 있는 거룩한 원리의 본성과 본질도 신적 사랑이기 때문이다."[4]

성부로부터 나와 성자를 통해, 그리고 성령으로 말미암아 이루어지는 구원 서정의 모든 국면들(효과적인 부르심, 중생, 회개, 믿음, 칭의, 그리스도와의 연합, 양자됨,

---

3) Owen, *Pneumatologia*, in *Works*, 3:200.

4) Jonathan Edwards, "Treatise on Grace," in *Works of Jonathan Edwards*, 26 vols. (New Haven, Conn.: Yale University Press, 1957-2008), 21:191.

성화, 보증, 견인, 영화)에서, 우리 신자들은 우리 안에 계신 성령 하나님의 구원 사역을 의존한다. 우리는 성령 없이는 구원의 국면들 중 어느 하나도 실제로 경험할 수 없다. 그렇게 되면, 기독교의 모든 것은 그저 허풍이거나 기껏해야 그저 영광스러운 이론에 동의하는 것이 될 뿐이다. 바로 이런 이유로 토마스 맨튼(Thomas Manton)은 "하나님의 생각이 성경에 계시되었으나 성령이라는 안경을 통하지 않고서는 결코 아무것도 볼 수 없다"라고 말했으며, 매튜 헨리는 "성령 하나님의 모든 감화는 하늘이 열리고 씨앗과 새싹에 담긴 영광을 보는 것"이라고 말했다.[5]

---

5) Blanchard, comp., *Complete Gathered Gold*, 313.

20. 언약신학

청교도들은 모든 것을 성경의 명백한 교훈을 근거로 하여 가르쳤다. 그러므로 그들의 신앙체계에서 성경이 언약을 강조한다는 점이 두드러지게 나타난다는 것은 전혀 놀랄 일이 아니다. 종교개혁 초기부터 개혁주의자들은 성경의 가르침을 체계화하기 위해 언약이라는 개념을 점점 더 많이 사용했다. 청교도들은 기꺼이, 그리고 부지런히 이런 개혁주의자들의 연구를 더욱 발전시켰다. 청교도들은 자신들의 언약신학을 통해 성경에서 발견되는 특정한 언약, 곧 아담언약과 노아언약, 아브라함언약과 모세언약과 다윗언약을 포함하여, 그리스도가 세우신 새언약에서 절정을 이루는 언약들을 주해했다(렘 31:31; 마 26:28 참고).

청교도들은 이런 다양한 언약들을 논의하면서, 이 모든 언약들을 하나의 위대한 언약, 곧 영원한 은혜와 화목의 언약을 계시하는 한 부분으로 생각했다. 그들은 구약의 언약을 창세기 3장 15절에서 시작된 하나의 은혜언약, 곧 사탄을 정복할 '여인의 후손'을 통해 아담과 하와와 그들의 많은 후손들을 구원하시리라는 약속이 담긴 여러 경륜과 실행으로 보았다. 그들은 은혜언약의 주요한 특징들이 성경의 다양한 모든 언약에서 어떻게 나타났는지를 보여 주었다. 성경의 모든 가르침을 체계화하기 위해, 청교도들은 행위언약과 은혜언약이라는 두 종류의 도식을 발전시켰다. 나아가 많은 이들은 이 두 언약을 가리켜 은혜언약 안에 있는 한 언약으로서 구속언약이라고 불렀다.

행위언약

청교도들은, 하나님께서 아담 및 하와에게 하나님께 순종하면 생명을 얻으리라 약속하고 불순종하여 선악을 알게 하는 나무의 열매를 먹으면 죽으리라 경고하심으로써 그들과 행위언약을 맺으셨다고 가르쳤다. 일부 청교도들은 행위언약을 생명언약이라고도 불렀다. 이 행위언약 안에서 아담은 평범한 출생의 방식으로 아담에게서 나올 전체 인류를 대표했다. 따라서 아담이 범죄하자 그의 범죄가 (그들의 대표자로서의 머리를 통해) 모든 후손들에게로 전달되었고, 그의 부패 역시 (그들의 자연적 머리를 통해) 모든 후손들에게로 전달되었다.

아담과 그의 모든 후손들은, 그들의 죄와 반역으로 인해 하나님에 대해 죽고 영혼의 부패로 인해 영적으로 죽는 형벌을 받았다. 그리고 육체적으로도 영원한 사망에 이르렀다. 중요한 사실은, 인류가 여전히 이 언약의 조건에 묶여 있으며, 그것을 계속 어길 경우 형벌을 받아야 하는 상태에 처해 있다는 것이다.

구속언약

그런데 영원 가운데 삼위 하나님께서 아담과 그의 많은 후손들을 구원하기로 동의하셨다. 청교도들은 이것을 일반적으로 구속언약 또는 "평화의 의논"(슥 6:13)이라고 불렀다. 청교도들은 이 교리를 통해, 성부 하나님께서 구원하실 자들을 선택하기로 작정하셨다는 사실을 비롯해, 하나님이 영원 가운데 죄인들을 구원하기로 계획하셨다고 가르치는 성경 말씀들을 모두 모았다.

하나님은 그들에게 독생자를 주셨고, 그리스도를 중보자로 임명하셨다. 성육신한 신-인이신 독생자는 '둘째 아담'이 되어 행위언약의 형벌을 당하고 그 요구를 만족시키실 것이었다. 즉, 첫째 아담이 하지 못하고 남겨 놓은 모든 것을 의의 방법으로 이루고 하나님의 진노를 짊어짐으로써, 아담의 불순종으로 초래된 모든 것의 대가를 지불하실 것이었다. 그러므로 그리스도는 은혜언약을 확고히 하기 위해 행위언약이라는 조건을 근본적이고도 지속적으로 성취하셔야 했다. 청교도들은 사도 바울을 따라, 둘째 아담이신 그리스도가 성부 하나님께서 그분에게 주신 사람들을 대표하신다고 이해했다. 또한 성령은 그리스도가 위하여 죽으신 모든 택자들에게 그 공로를 적용하기로 언약하셨다.

이러한 은혜언약에 참여하는 조건은, 예수님을 메시아요 하나님의 아들로 믿고 그분 앞에 회개하며, 그분이 죽으심과 부활하심을 통해 우리를 구원하시리라 신뢰하는 것이다. 구원 얻는 믿음은, 우리가 하나님을 배반하여 범죄했고 하나님의 진노를 감당하지 못하며 우리 스스로를 구원할 수 없는 존재임을 인식하라고 요구한다.

은혜언약

성령은 행위가 아니라 믿음을 수단으로 하여 우리를 그리스도에게로 연합시키며, 은혜언약 안에서 그리스도의 모든 복락들을 우리에게 주신다. 하나님께서 시작하신 구원은 놀랍게도 우리의 모든 죄를 용서한다. 또한 우리가 행하여 짓는 죄든 행하지 않아 짓는 죄든, 고의로 짓는 죄든 부주의하여 짓는 죄든, 생각과 말과 행위로 표현되는 죄를 통해 계속 나타나는 우리의 연약함을 가려 준다. 뿐만 아니라 하나님의 구원 계획은 양자됨과 성화와 영화를 수반한다.

믿음으로 말미암아 그리스도와 연합된 죄인들은 그들의 죄를 회개하고, 죄를 죽이기 위해 분투해야만 한다. 그리고 모든 대적들 가운데서도 믿음으로 인내하고, 하나님의 영광을 위하여 살아야 한다(고전 10:31 참고).

청교도들은 이 은혜언약 안에서 즐거워하라고 가르쳤다. 왜냐하면 이것이 하나님께서 맹세하여 보증하신 약속의 총체이며, 그분의 약속과 맹세가 이 약속을 이중으로 확정하기 때문이다(히 6:16-18 참고). 이 세상의 불완전한 삶 속에서, 신자는 죄로 인해 괴로워하고 의심과 두려움에 시달리는 까닭에 하나님의 도우심을 받지 못하곤 한다. 언약은 바로 이러한 불신앙에 맞서도록 신자들을 보호하며, 믿음이 더욱 자라도록 그들을 격려한다. 신약은 우리의 믿음을 인도하여, 우리 구원의 유일한 근거이자 새롭고도 영원한 은혜언약을 인 치는 그리스도의 십자가 희생을 바라보게 한다.

개인적 언약과 가정적 언약

청교도들은 개인의 언약들을 세우고 기록하여 그들이 믿는 바를 고백하고 특정한 죄악들을 회개하며, 새로운 순종으로 그리스도를 따르겠노라 결심하라고 권면했다. 이러한 언약들은 상대적으로 분량이 많을 수도 있다. 이 언약들은 그리스도를 주님이 아닌 구세주로만 받아들일 수도 있다는 현대의 개념에 그 어떤 여지도 주지 않는다.

또한 청교도들은, 가시적인 그리스도의 교회 안에서 그리스도를 믿음으로 고백하는 모든 사람들과 그들의 자녀들이 하나님의 언약에 속하므로, 이로 말미암아 신자들이 기뻐해야 한다고 확언했다. 신자들의 어린 자녀들은 하나님 나라와 그 언약의 상속자로서, 은혜언약의 표(sign)이자 인(seal)인 세례를 통하여 가시적 교회의 교제 안으로 받아들여진다.

가시적 교회와 비가시적 교회

일반적으로 청교도들은 교회론이라는 주제 아래에서 가시적 교회와 비가시적 교회를 구분하여 논의했다. 이런 구분은 가시적 교회의 모든 회원들이 택자 또는 참된 신자는 아니라는 점을 인정한다. 이 구분은 옛언약 아래서와 마찬가지로 새언약 아래 있는 교회에도 적용된다. 아브라함의 식솔들은 비록 모두 믿지는 않았으나 다 할례를 받아야 했다. 마찬가지로 청교도들은, 그들 모두가 믿을 수도 있고 또는 믿지 않을 수도 있지만, 어린아이들을 포함해(고전 7:14 참고) 신자의 가족 모두가 세례를 받아야 한다고 가르쳤다.

결론

마지막으로, 청교도들은 하나님께서 국가와 통치자들에게 그리스도와 그분의 언약에 복종하기를 요구하신다고 보았다. 그리고 새언약 시대에는 결국 그들 모두가 그렇게 되리라는 약속을 소중히 여겼다. 그러하기에 청교도들은, 잉글랜드 정부가 하나님과 언약을 맺어 개혁교회의 믿음과 예배와 질서를 따름으로써 기독교 신앙을 순수하게 유지하고 수호하게 되기를 추구했다.

이와 같이 청교도들은 언약에 관한 성경의 자료를 모으고 활용하여 그들의 가르침을 대부분 체계화하였고, 이를 통해 개인과 교회와 국가에게 영광스러운 은혜언약의 중보자이신 그리스도 안에서 그들이 가지는 특권과 의무를 보이고자 했다.

4부

구원받은 거룩한 백성

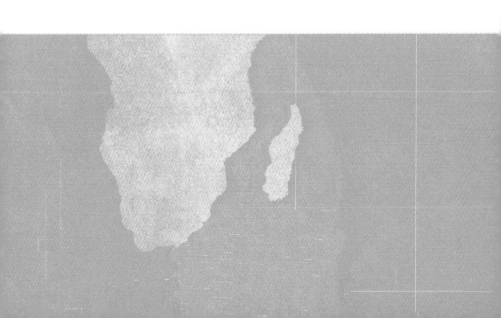

21. 중생

청교도들은 중생이라는 용어를 하나님의 효과적인 부르심과 동의어로 사용했다. 이 말은 무엇보다도 이전에 죄로 인해 죽어 있었던 죄인이 영적으로 살아나는 것을 의미한다. 때때로 청교도들은 종교개혁자들과 같이 '중생'이라는 단어를 사용하여, 회심과 믿음, 회개, 점진적인 성화, 거룩함으로의 성장을 포함하는 신자의 전인적인 갱신과 변혁의 경험을 언급하기도 했다. 그러나 일반적으로 그들은 중생을 신자의 삶에서 계속되는 회심과는 구별했다. 스테판 차녹은 이에 관해 다음과 같이 말한다. "중생은 영적 변화이다. 회심은 영적 행동이다……중생은 전인격의 보편적 변화이다. 중생은 죄가 파괴한 만큼 크게 새롭게 한다."[1]

본 장에서 우리는 청교도들과 마찬가지로 중생을 거듭나는 순간 또는 영적

---

1) Blanchard, comp., *Complete Gathered Gold*, 522.

으로 되살아나는 순간이라는 일차적 의미로 살펴볼 것이다. 실제로 오늘날 우리도 대부분 중생을 그러한 의미로 사용한다.

청교도들은 중생 교리를 명료하게 정리해야 할 필요를 느꼈다. 그들에게 이것은 매우 엄중한 문제였다. 왜냐하면 역사적으로 로마 가톨릭이 중생을 물세례의 신성한 효력으로 여겼기 때문이다. 로마 가톨릭의 교리가 옳다면, 세례를 받은 사람은 누구든지 이미 중생한 사람이므로 거듭날 필요가 없을 것이다(그 당시 사람들은 거의 대부분 유아 세례를 받았다). 청교도들은 이런 외적인 의식주의를 배격하고, 성경에 근거하여 물세례만으로는 어느 누구도 그리스도인이 될 수 없다는 것을 보여 주었다. 요한복음 3장에서 예수님이 가르치셨듯이, 우리는 반드시 성령으로 거듭나야 한다.

청교도들은 우리 모두가 성령 없이도 본성적으로 피상적 차원에서 자신을 개혁할 수 있다는 점을 인식했다. 예를 들어, 우리는 출세하고 싶은 단순한 열망으로 행동을 바꿀 수도 있고, 생산적인 일을 하기 위해 해로운 습관을 버릴 수도 있다. 그러나 우리에게는 마음을 변화시키거나 자신에게 새로운 생명을 부여하는 것과 같이 우리 자신을 본질적으로 변화시키는 능력이 없다. 이것은 오직 성령의 사역이다. 그분만이 우리에게서 돌 같은 불신앙의 마음을 없애고 우리를 영적으로 다시 살아나게 함으로써, 참되고도 근본적인 갱신을 가져오신다. 바로 성령께서 생명을 주시는 주님이기 때문이다. 성령께서 태초에 어둡고 생명 없는 피조 세계에 생명과 빛을 주셨다.

예수님께서 가르치셨듯이, 성령으로 나지 않고서는 어느 누구도 하나님 나라에 들어갈 수 없다. 그러하기에 오웬은 이 중생의 사역이 신약 시대뿐만 아니라 그 이후에도 계속 이루어진 것과 마찬가지로, 구약 시대를 살았던 택자들 안에서도 동일하게 이루어졌음을 가르쳤다. "구약 시대를 살았던 하나님의 택자들이 중생을 받은 것과 신약 시대의 택자들이 중생을 받은 것은 성령의 서로 다른 측면의 활동으로 인한 것이 아니다."[2] 어느 누구도 성령으로 거듭나지 않고서는 하나님 나라에 들어갈 수 없으며, 들어간 적도 없고, 앞으로도 들어갈 수 없을 것이다.

이처럼 청교도들의 가르침은 로마 가톨릭의 가르침과는 다르다. 그렇다면 이제 이러한 청교도들의 가르침이 새로 고안해 낸 것이 아니라 성경이 말하는 바라는 점을 증명해 보자.

예컨대, 오웬은 이 주제의 근거가 되는 성경 구절들을 제시했을 뿐만 아니라, 위대한 초대 교부인 어거스틴에게 이 중생 교리가 얼마나 중대한 사상이자 경험이었는지를 잘 보여 준다. 오웬은, 젊은 어거스틴이 다른 것을 선택할 능력 없이 자신의 욕구와 욕망에 얼마나 충실하게 살았는지를 이야기한다. 그때 하나님께서 기록된 자신의 말씀을 사용하여 모든 욕망과 더불어 어거스틴의 마음을 변화시키셨다. 또한 그 정서에 그리스도를 모심으로써, 어거스틴은 처음으로 자유롭게 선을 택할 수 있게 되었다. 어거스틴의 마음에 이런 변화가 일어나지 않았다면, 그는 여전히 이전의 방식에 얽매여 살았을 것이다.

많은 사람들은, '거듭남'이 하나님의 말씀을 듣는 일과는 아무런 상관이 없거나 조금만 관계 있을 뿐이며, 전적으로 비범하고도 특수한 경험이라고 오해한다. 잘 알려진 대로, 이런 사상을 장려했던 '열광주의자들(enthusiasts)'은 말씀을 성령으로 대체해 버렸다. 이에 대해 청교도들은, 성령께서 거듭나게 하는 자신의 사역을 효력 있게 하기 위해 하나님의 말씀을 방편으로 사용하신다는 점을 강조했다. 말씀은 "성령의 검"(엡 6:17)이다. 말씀을 통해 그리스도가 전파될 때, 사람들은 어둠에서 나와 그의 기이한 빛에 거하게 된다.

한편 거듭나는 순간은 전혀 특별하게 보이거나 비범하게 여겨지지 않을 수

---

2) Owen, *Pneumatologia*, in *Works*, 3:214.

있다. 휴거나 황홀경 따위가 없을지도 모른다. 실상 거의 대부분 그런 것들이 존재하지 않는다. 바람이 부는 것과 같이, 성령의 사역은 눈으로 볼 수 있는 것이 아니며, 오직 그 결과를 통해서만 헤아릴 수 있다. 더욱이 성령은 마귀처럼 파괴적인 폭력이나 독재를 일삼지 않는다. 즉, 오웬이 잘 주장했듯이 "성령은 악한 영이 사람들을 장악하여 그들의 육체에 행하듯이 능력과 힘을 사용하여 원치 않는 휴거나 황홀경에 빠트리려고 임하시는 것"이 아니다.[3]

물론 때가 차면 성령께서 신자들을 그렇게 변화시키실 것이고, 세상이 그들을 이상하게 볼 것이다. 그러나 그러한 시선은 신자들의 이상한 경험이나 감정적으로 지나친 반응이나 기괴한 행동들에서 기인하는 것이 아니라, 그들이 이 세상 자체와 세상의 방식을 거스르기 때문에 나타나는 것이다.

그러므로 청교도들은 예수님이 요한복음 3장 3-8절에서 잘 말씀하시듯이, 우리가 두 번째 태어나는 중생을 절대 불가결한 것으로 여겼다. 이 책을 읽는 친애하는 독자들도 반드시 '거듭나야' 한다(요 3:3 참고). 청교도 목사인 윌리엄 다이어(William Dyer)가 말했듯이, "만일 당신에게 거듭남(두 번째 태어남)이 없다면, 둘째 사망이 당신을 지배할 것이다."[4] 다이어가 말하는 '둘째 사망'이란 지옥에서 당하는 영원한 죽음이다(계 21:8 참고). 구원받기 위하여 회개하지도 않고 그리스도만을 믿지도 않는 자들은 이 죽음을 영원히 경험하게 될 것이다.

---

3) Owen, *Pneumatologia*, in *Works*, 3:225.

4) Blanchard, comp., *Complete Gathered Gold*, 522.

22. 믿음과 회개

거듭난 사람은 회개하고 복음을 믿어야 한다. 그것이 지금 그리스도 안에 있는 우리의 새로운 본성이다. 그런데 청교도들은 믿음과 회개의 의미에 대해 사람들이 상당히 혼란스러워한다는 것을 발견했다.

믿음과 회개에 대한 오해

아마도 청교도들은 가장 일반적인 오류로 '명시된 믿음'과 '암시된 믿음'이라는 중세의 구분에서 비롯된 오류를 다루어야 했을 것이다. '명시된 믿음'은 복음 진리에 대한 실제적 지식과 관련된 것으로, 대부분의 사람들을 초월하여 주어진다고 여겨졌다. 여기서 교육받지 못하거나 지적 능력이 부족한 사람들이 과연 복음의 신비를 이해할 수 있는가 하는 의문이 제기되었다. 그러자 하나님께서 교회가 가르치고 규정하는 바를 구원의 길로 간주하는 '암시된 믿음'이라는 단순한 길을 통해 그들을 천국으로 이끌겠노라 정하셨다는 주장이 나타났다. 구원을 얻기 위해 필요한 것은 교회에 붙어 있고, 동조하고, 성례를 받으며, 교회 사역자들이 시키는 대로 하는 것뿐이었다.

청교도들은 이런 '암시된 믿음'을 구원 얻는 참된 믿음과 완전히 동떨어진 것으로 여겼다. 실상 이런 믿음의 행위는 그리스도를 개인적으로 믿는 신앙에서 흘러나오는 것이 아니기 때문에, 인간 스스로를 의지하는 우상 숭배일 뿐이라고 주장했다. 믿음이란 교회에 출석하고 선을 행하며 세례와 성찬을 받는 등 가시적이고도 육체적인 행위에 불과한 것이 아니다. 믿음 자체가 외적인 행위로 표현된다고 하더라도, 그런 행위들은 단지 부산물이자 믿음의 표지이기 때문이다. 믿음은 본질적으로 지성과 마음과 정서에 관한 깊고도 내적인 문제이다.

또한 어떤 사람들은 구원 얻는 믿음을 복음 진리에 단순히 지적으로 동의하는 것과 혼동했다. 그러나 단순한 동의는 개인적이고도 주관적인 신뢰와는 다르다. 청교도들은 웨스트민스터 소요리문답에서 믿음에 관하여 고전적인 정의를 내렸다.

86문답

질문 | 예수 그리스도를 믿는다는 것은 무엇인가?

대답 | 예수 그리스도를 믿는다는 것은 구원의 은혜인데, 이 은혜로 말미암아 우리는 구원받기 위해 복음이 우리에게 전해 주는 대로 예수 그리스도만을 영접하고 의지한다.

우리의 믿음은 단순히 그리스도께서 주님이요 구세주이심을 인정하는 데에 머무르지 않는다. 우리는 그리스도를 바라보고 그분께로 나아가며, 그리스도를 받아들이고 그분 안에서 안식하며, 그분께 온전히 복종하고, 오직 그분만을 우리의 주님이요 구세주로 의지한다(요 3:36; 히 12:1-3 참고).

믿음은 지성에 계시된 진리를 향해 마음과 의지가 움직이는 것과 관련된다. 요컨대, 구원 얻는 믿음에는 ❶ 그리스도 안에서 온 마음을 다하여 하나님을 아는 '구원 얻는 지식', ❷ 하나님 및 우리 자신에 관한 하나님의 진리와 하나님께서 그리스도 안에 두신 구원 방법에 관한 진리에 진심으로 동의하는 '구원 얻는 동의', ❸ 오직 그리스도를 하나님 앞에서 우리의 완전한 의로 믿는 진심 어린 '구원 얻는 신뢰'가 포함된다.

로마 가톨릭교회의 또 다른 유산인 세례중생론은, 믿음과 회개가 동시에, 단회적으로 한 번 일어난다고 주장한다. 그리하여 사람들은 그리스도를 바라보며 자기 죄를 슬퍼했던 과거의 어느 사건을 떠올리면서, 그것만으로 충분하다고 생각했다. 그러나 청교도들은 참된 믿음이란 단순히 거래를 위해, 즉 천국을 얻기 위해 그리스도를 한 번 바라보는 것이 아니라고 강조했다. 믿음이란 그리스도의 영광을 바라볼 수 있도록 눈이 열린 사람들이 "많은 사람 가운데에 뛰어나신"(아 5:10 참고) 이를 주목하고 계속 신뢰하며 흠모하는 반응이다. 따라서 리처드 십스가 지적했듯이, "성령께서 참으로 만지신 영혼은 그리스도께 점점 더 가까이 나아가 교제하게" 된다.[1]

믿음과 회개에 대한 또 다른 중대한 오해는, 믿음과 회개가 그 자체로 공로가 된다는 생각이다. 다시 말해, 믿음과 회개를 하나님의 은혜와 구원을 얻기 위해 우리가 수행하는 일로 보는 것이다. 물론 믿음이 없이는 하나님을 기쁘시게 할 수 없다(히 11:6 참고). 그러나 그것은 결코 믿음 자체가 공로임을 의미하지 않는다. 믿음 자체는 빈손이며, 그 믿음이 그리스도를 받아들이고 붙잡고 그리스도와 함께 '마치게 하기' 때문에 구원을 가져올 뿐이다. 믿음은 창의적이거나 공로적인 손이 아니라 그저 받아들이는 손이다.

---

1) Sibbes, "Bowels Opened," in *Works*, 2:58.

믿음과 회개를 통해 그리스도께로 나아옴

이 모든 잘못된 개념과는 달리, 청교도들은 그리스도를 믿는 것과 죄를 회개하는 것을 거듭남의 효과 또는 결과로 보았다. 성령은 우리 눈을 열어 그리스도의 아름다움과 우리의 더러움을 보게 하시며, 그리하여 우리가 자기 의존(self-reliance)과 자기 의(self-righteousness)를 버리고 그리스도를 붙잡게 하시며, 그 안에서 안식하면서 우리의 소망과 구원을 바라보게 하신다. 다시 말해, 참된 믿음은 믿음 자체(또는 '은혜'나 '구원'이나 '천국')가 아니라 오직 구원의 주님께만 확신과 소망과 바람을 두게 만든다.

구원은 믿음이 아니라 오직 그리스도에게서만 발견된다. 우리가 믿음을 가지고 있기 때문에 그 믿음으로 구원을 얻는 것이 아니다. 우리가 믿음으로 구을 얻는 것은, 오직 그리스도와 그분의 의를 믿기 때문이다. 청교도 목사인 윌리엄 거널(William Gurnall)은 이것을 멋지게 표현한다. "믿음에는 두 개의 손이 있다. 한 손으로는 인간 자신의 의를 뽑아 던져 버린다. 그리고 다른 한 손으로는 그리스도의 의를 입는다."[2]

믿음은 영혼이 자신의 가련함을 떠나 그리스도의 부요함으로 달려가게 하고, 자신의 모든 죄책을 떠나 화목하게 하시는 그리스도를 향하게 하며, 자신의 속박을 벗어 버리고 구원하시는 그리스도께로 피하게 한다. 그러하기에 청교도들은, 참된 믿음이라면 믿음 자체를 바라보기보다 그리스도를 바라보는 일에 더 관심을 기울이기 마련이라고 조언했다(참된 믿음이 스스로 그것을 입증할 것이다).

믿음으로 그리스도를 향하는 일에는 반드시 그리스도를 대적하는 죄인 불신앙의 열매를 적극적으로 떠나는 일이 수반된다. 이러한 회개에 대해 웨스트민

---

2) Blanchard, comp., *Complete Gathered Gold*, 201.

스터 신앙고백서 5장 2항은 이렇게 진술한다.

> 이 회개로 말미암아 죄인은 자신의 죄가 하나님의 거룩한 본성과 의로운 율
> 법을 거스르는, 위험하고도 더러우며 혐오스러운 것임을 보고 깨달으며, 그
> 리스도 안에서 자기 죄를 뉘우치는 사람들에게 베푸시는 하나님의 자비를
> 깨달아 자기 죄를 크게 슬퍼하고 심히 미워하며, 모든 죄에서 돌이켜 하나님
> 께로 나아가고, 하나님의 계명이 가르치는 모든 길에서 하나님과 동행하려
> 는 목적을 세우고 이를 위해 힘쓰게 된다.

청교도들은 종교개혁자들과 마찬가지로, 참된 신자들에게는 믿음과 회개가
평생 일상 가운데 계속되는 실제라고 가르쳤다. 그리스도인들은 거듭나는 순
간부터 계속 믿고 회개하는 사람들이다. 신자는 그중 어느 하나 없이는 다른
하나를 할 수 없다. 둘 중 하나가 앞서거나 뒤따르지도 않는다. 믿음과 회개는
동전의 양면과도 같다. 회개하는 자들은 믿음으로 회개하면서 예수님을 바라
본다. 믿는 자들은 회개함으로 믿으면서 예수님을 바라본다. 믿음과 회개는 확
실하고도 본질적이며 지속적인 중생의 열매이다. 믿음과 회개는 둘 다 오직 예
수 그리스도만을 영원토록 바라본다.

23. 그리스도와의 연합과 칭의

오늘날 종종 잊히기는 하지만, 종교개혁자들과 마찬가지로 청교도들도 '그리스도와 연합하는 것'과 '그리스도와 교제하는 것'을 매우 다른 것으로 보았다. 그리스도와 교제하는 일(그리스도를 실제로 즐거워하는 것)의 경우, 신자 안에서 그 상태가 끊임없이 달라진다. 때로는 우리 마음이 '할렐루야'로 충만하다. 반면에 그리스도를 향한 우리 마음이 서리가 내리고 냉랭해지는 때도 있다.

한편 청교도들은 그리스도와 우리가 연합하는 것이 이렇게 흔들리는 교제의 온도에 기초한다고 보지 않았다. 오히려 그 반대이다. 신자들은 그리스도와 연합함으로써 거듭나며, 이 연합이야말로 우리가 그리스도와 즐거이 교제하는 일의 보증이요 안정적이고도 확고한 토대이다. 리처드 십스가 잘 말한 대로, "연합이 교제의 근거가 된다."[1]

---

1) Sibbes, "Bowels Opened," in *Works*, 2:174.

신랑과 그의 신부

십스와 다른 청교도들이 그리스도와의 연합을 묘사하면서 가장 자주 사용하는 성경의 이미지는, 그리스도가 다정하고도 장엄한 신랑이시며 교회가 그의 신부라는 것이다. 16세기 당시 사람들이 로마 가톨릭교회에서 배운 가르침과는 매우 대조된다. 로마 가톨릭교회에서는, 예수님을 우리와 멀리 떨어져 계신 분이요, 그분의 은혜를 조금씩 나눠 주는 사제나 성인들을 통해서만 접근할 수 있는 분으로 가르쳤다. 그런 예수님 앞에서는 그 누구도 확신이나 친밀한 경험을 소유할 수 없었다.

그러나 그리스도가 교회를 사랑하는 신랑이라면, 그리스도와 우리 사이에 중재자들이 왜 필요하겠는가? 또한 이제 교회가 그리스도로부터 무엇을 원하겠는가? '은혜'라고 부를 만한 무언가가 아니라 무조건적으로, 그리고 전적으로 제공된 신랑 자체를 원할 것이다.

즐거운 교환

십스는 솔로몬의 아가서를 연속해 강해하면서, 우리의 신랑이신 그리스도가 어떻게 자기 신부와 연합하시는지, 또한 어떻게 우리의 죄와 심판을 담당하고 자기의 생명과 완전한 의를 우리에게 전해 주시는지를 풍성하게 묘사했다.

그리스도는 자기 부요함을 우리에게 주려고 친히 낮아지셨다. 다시 말해, 신자들은 그리스도와 연합함으로써 의롭다함을 받으며, 그리스도의 완전한 의로 말미암아 하나님의 면전에서 의롭다고 선언된다. 또한 선한 행실은 신자가 의롭다함을 받는 원인이 아니라 그 결과로 흘러나오는 것이다. 신부가 신랑의 지위를 공유하듯이, 그리스도인은 그리스도의 의로운 지위를 공유(또는 전가) 받는다. 루터는 이것을 "즐거운 교환"이라고 불렀다. 그리스도가 자기 백성과 하나가 되시며, 그 결과 그들의 모든 것이 그분의 것이 되고, 그분의 모든 것이 그들의 것이 된다.

그러므로 십스는 그리스도인들이 다음과 같이 고백할 수 있다고 말했다.

그러므로 이제 스스로 자주 물어보십시오. 나는 과연 누구입니까? 가련한 죄
인이여! 그러나 나는 이제 모든 것의 해답이 되시는 그리스도의 의를 가졌습
니다. 나는 약하지만, 강하신 그리스도 안에서 나 역시 강합니다. 나는 어리
석지만, 그리스도 안에서 나는 지혜롭습니다. 나는 나에게 없는 모든 것을 그
리스도 안에서 가집니다. 그리스도는 나의 것이며, 하나님이자 사람이신 그
분의 의도 나의 것입니다. 그리스도의 의를 옷 입으면, 양심과 지옥과 진노와
그 어떤 것에서도 안전합니다. 비록 나는 날마다 죄를 짓고 경험하지만, 내
것이 되시는 그리스도 안에는 내 안에 있는 죄보다 더 크고도 풍성한 의가
있습니다.[2]

오직 그리스도 안에서만 발견되는 바 의롭다 하는 이 의를 믿는 믿음을 통
해, 청교도들은 우리 자신의 믿음이나 공로의 힘이 아니라 오직 그리스도 위에
우리의 확신을 세워야 한다는 사실을 잘 보여 줄 수 있었다. 그리스도인이 의
롭다하심을 얻는 것은 우리 자신이 아니라 아들의 공로로 말미암는다.

칭의에 관한 다른 의견들

청교도들은 대부분의 진리에 서로 동의하는 경향을 보였으나, 칭의 교리에
관해서는 견해가 완전히 일치하지 않았다. 리처드 백스터는 구원받기 위해 그
리스도인들에게 이중적 의가 필요하다고 가르쳤다. 그는, 그리스도의 의가 우

---

2) Sibbes, "Bowels Opened," in *Works*, 2:147.

리를 위해 옛언약의 요구를 성취하셨으나 신자들은 여전히 복음의 '새로운 계명'에 기초하여 의롭게 되어야 한다고 주장했다. 사실상 자신의 믿음이 의의 기초가 되는 셈이다.

존 오웬과 로버트 트레일(Robert Traill) 등의 수많은 청교도들은 백스터의 논증이 근본적으로 왜곡되었으며 비성경적이라고 주장했다. 성경은 믿음을 우리 확신의 기반으로 제시한 적이 없다. 확신의 기반은 그리스도이시다. 무엇보다 로마서 5장 12-21절이 분명히 증언하듯이, 우리가 의롭게 되는 것은 오직 그리스도의 의 때문이다. 그리스도만이, 오직 그리스도만이 우리의 의가 되신다. 따라서 트레일은 이렇게 말한다.

> 만일 사람이 자신의 의를 의지한다면, 그리스도의 의를 배격할 것입니다. 반면 사람이 그리스도의 의를 의지한다면, 자신의 의를 배격할 것입니다. 사람이 자신의 의를 아까워하여 포기하지 않는다면, 그리고 그리스도의 의를 하나님의 심판대 앞에서 자신을 충분히 책임지고 안전하게 하며 자유롭게 할 수 있는 것으로 여기지 않는다면, 그리하여 그분의 의에 뛰어들지 않는다면, 그는 두 가지 죄를 모두 짓는 불신자입니다. 만일 그가 하나님 앞에서 그리스도의 의를 고치고 바꿔 다른 종류의 의로 만들려고 애쓴다면, 여전히 율법 아래 있는 자요 복음의 은혜를 경멸하는 자가 될 것입니다(갈 2:21 참고).[3]

그러므로 청교도들은 웨스트민스터 소요리문답에서 칭의를 다음과 같이 정의한다.

---

[3] Robert Traill, *Justification Vindicated*, Puritan Paperbacks (Edinburgh: Banner of Truth, 2002), 70.

질문 | 의롭다하심이란 무엇인가?

대답 | 의롭다하심이란 하나님께서 값없이 베푸시는 은혜의 행위로서, 오직 그리스도의 의가 우리에게로 전가됨으로 말미암아 하나님께서 우리의 모든 죄를 사하시며 하나님 앞에서 우리를 의롭다 여겨 주신다. 우리는 오직 믿음으로만 이 의를 받을 수 있다.

청교도들은 그리스도의 의가 우리의 죄성을 능가하고 초월한다는 사실로 기뻐했다. 여러분도 청교도들처럼 이 위대하고도 놀라운 복음 진리 안에서 위로와 안전함과 영원한 생명을 발견하는가?

24. 양자됨

종교개혁자들을 비롯해 후기 청교도들은, 하나님께서 구원하시는 자들을 자녀요 상속자로 입양하신다는 사실을 강조했다. 이것은 중세 로마 가톨릭교회와 종교개혁 신학 사이에 존재하는 또 하나의 중대한 차이점이다.

양자됨에 관한 칼빈의 견해

존 칼빈은 『기독교강요』(*Institutes*)에서 "타락이라는 인류의 멸망으로 말미암아, 이제 중보자 되시는 그리스도가 우리에게로 나아와 하나님을 우리와 화목하게 해 주시기 전에는 '어느 누구도 하나님을 아버지로,' 또는 구원의 창시자로, 또는 그 어떤 경우에도 호의적인 분으로 경험할 수 없다는 것"이 죄인 된 우리의 심각한 문제라고 말한다.[1] 구속에서 성자 하나님의 임무는, "하나님의

---

1) John Calvin, *Institutes of the Christian Religion,* trans. Ford Lewis Battles, ed. John T. McNeill, Library of Christian Classics (Philadelphia: Westminster, 1960), 1.2.1. 작은 따옴표의 표현은 본 서 저자들의 강조점이다.

은혜로 우리를 회복시키는 것," 곧 사람의 자녀를 하나님의 자녀로 바꾸고, 게헨나의 상속자를 하늘 왕국의 상속자로 바꾸는 것이다.[2] 또한 실제로 성경에서는 성령을 무엇보다도 우선적으로 '양자의 영'이라고 일컫는다.

성령은, 성부 하나님이 우리의 아버지가 되기 위해 사랑하는 독생자 안에서 우리를 받아 주시는 하나님의 무조건적인 사랑을 증언하시기 때문에 '양자의 영'이시다. 성령은 우리가 기도하는 가운데 확신을 가지도록 우리를 격려하신다. 그분은 실상 우리가 두려움 없이 "아빠 아버지!"(롬 8:15; 갈 4:6)라고 외칠 수 있도록 기도할 말을 공급해 주신다.[3]

양자됨에 관한 청교도의 견해

이 교리는 참으로 청교도들이 가장 옹호하고 발전시키고 적용한 신학이다.[4] 그들은, 신자가 그리스도와의 연합을 '그리스도인이 성자 하나님의 의로운 지위로 옷 입는 것'이요 '성부 하나님 앞에서 사랑스러운 아들의 지위를 공유하는 것'으로 이해하기를 원했다. 다시 말해, 그리스도인은 하늘의 재판장 앞에서 의롭다고 여겨질 뿐만 아니라, 하늘의 아버지 하나님께 자녀로 받아들여진다.

신자들이 더욱 그리스도를 닮아 갈수록 '더 많이' 아들로 받아들여지는 것은 아니다. 우리의 양자됨은 (우리의 의와 마찬가지로) 우리가 거듭나고 그리스도와 연합되는 순간에 그리스도 안에서 인 쳐진다. 우리는 그리스도와 연합된 자로서, 하나님 앞에서 맏아들 되시는 독생자의 지위를 공유하게 된다. 실제로 청교도들은, 이 사실을 통해 얻는 위로가 참으로 신자로 하여금 더욱 아버지 하나

---

2) Calvin, *Institutes*, 2.12.2.

3) Calvin, *Institutes*, 3.1.3.

4) 이에 대해서는 다음 작품을 참고하라. Joel R. Beeke, *Heirs with Christ: The Puritans on Adoption* (Grand Rapids: Reformation Heritage Books, 2008).

님을 사랑하고 그분을 닮아 가게 하는 동기(motivation)가 된다고 가르쳤다.

리처드 십스는 그리스도와 우리의 연합에서 우리의 양자됨이라는 진리가 어떻게 흘러나오는지를 훌륭하게 보여 준다.

하나님 아버지께서 자신의 독생자를 사랑하지 않는 순간 우리도 사랑하지 않으실 것입니다. 하나님은 머리 되시는 그리스도를 사랑하는 것과 동일한 모든 사랑으로 그리스도의 지체 된 우리를 사랑하십니다. 그리스도 안에서 가장 미천한 손가락은 없으며, 그분 안에서 가장 경멸당하는 지체도 없습니다. 하나님 아버지는 달콤한 사랑과 다정함으로 영원히 독생자를 사랑하며, 머리 되시는 그분의 특권을 보존하십니다. 오, 이것이야말로 감미로운 위로입니다. 이제 그리스도인의 모든 탁월한 특권들이 그리스도와 우리에게 있으므로, 우리는 그것을 잃어버릴 수 없습니다. 그리스도께서 아무것도 잃어버리지 않으실 것이기 때문입니다.[5]

청교도들은, 이것이 바로 깊은 위로를 주며 예배의 영을 부여하는 신학임을 깨달았다. 그로 말미암아 죄인들은 순전한 은혜 가운데 "보라, 아버지께서 어떠한 사랑을 우리에게 베푸사 하나님의 자녀라 일컬음을 받게 하셨는가"(요일 3:1)라고 외치게 된다. 이것이야말로 삶을 변화시키는 신학이요, 건강하고도 경건하며 즐거운 기도 생활을 위해 절대적으로 필요한 진리이다.

웨스트민스터 신앙고백서는 12장에서 청교도들이 발견한 바 그리스도 안에서 그리스도인이 가지는 양자됨의 특권을 다음과 같이 요약한다.

---

5) Sibbes, "A Heavenly Conference," in *Works*, 6:460,461.

하나님은 의롭다하심을 받은 모든 사람이 하나님의 독생자 주 예수 그리스도 안에서, 또한 그리스도로 말미암아 양자가 되는 은혜에 참여하도록 허락하신다. 이로써 그들은 하나님의 자녀가 되고 자녀로서의 자유와 특권을 누리며, 하나님의 이름으로 일컬음을 받고 양자의 영을 받으며, 은혜의 보좌 앞에 담대히 나아가 아빠 아버지라고 부를 수 있으며, 긍휼히 여김을 받고 보호받으며, 필요한 것을 공급받고, 아버지에게서 징계를 받는 것같이 하나님께 징계를 받으나 결코 버림받지 않으며, 오히려 구원의 날까지 인치심을 받고, 영원한 구원의 상속자로서 약속들을 기업으로 받는다.

양자됨에서 비롯되는 관계의 변화

뉴잉글랜드의 청교도인 존 코튼(John Cotton)은 요한일서 3장을 강해하면서, 신자들이 그리스도 안에서 영적 양자됨을 의식적으로 지각할 때에 이 세상에서 맺는 모든 관계가 변화된다는 점을 보여 준다.

첫째로, 양자됨은 하나님과 우리의 관계를 변화시킨다(요일 3:1a 참고). 양자됨으로 말미암아 우리는, 비록 우리에게 죄가 남아 있을지라도 아버지의 뜻을 행하고 싶어하게 되며, 그리스도 안에서 아버지의 참된 아들로서 그분의 하늘 가정에 속하여 안전을 보장받는다. 코튼은 다음과 같이 기록한다. "우리의 마음속에 아직 불신앙과 연약함과 부패가 많이 남아 있다 하더라도, 우리는 여전히 하나님의 아들이다."[6]

둘째로, 양자됨은 세상과 우리의 관계를 변화시킨다(요일 3:1b 참고). 신자는 예수님과 더불어 성부 하나님의 형언할 수 없는 사랑을 나누는 것과 마찬가지로, 동일하게 예수님과 함께 세상에서 멀어지고 적대감과 미움을 받는다. 존 코

---

6) John Cotton, *An Exposition of First John* (Evansville, Ind.: Sovereign Grace, 1962), 319.

튼은 또 이렇게 말한다. "만일 그리스도가 이 세상에서 고난 당하시는 것이 합당했다면, 예수님께서 받으신 것과 동일한 잔을 마시지 않고서 천국에 가리라 생각해서는 안 된다."[7]

셋째로, 양자됨은 미래와 우리의 관계를 변화시킨다(요일 3:2 참고). 코튼은, 우리가 하나님의 아들이기 때문에, 하나님께서 지금은 우리를 변화시키고 계시지만, 그리스도가 구름을 타고 오실 때에는 우리가 점이나 흠 없이 우리의 맏형 되시는 예수님의 형상을 온전히 본받게 될 것이라고 강조한다. 이 얼마나 놀라운 미래인가! 하나님의 아들로서 우리는 이 미래를 기쁘게 기다린다.

넷째로, 양자됨은 우리 자신과 우리의 관계를 변화시킨다.

"주를 향하여 이 소망을 가진 자마다 그의 깨끗하심과 같이 자기를 깨끗하게 하느니라"(요일 3:3).

다시 말해, 입양된 자들은 그리스도를 본받음으로 날마다 자신을 정결하게 한다. 따라서 코튼은 이렇게 말한다. "하나님의 모든 자녀들은 그리스도 안에서 소망을 품고, 그분이 나타나실 때에 그분과 같이 변화되기를 기대한다."[8]

마지막으로, 양자됨은 하나님의 가족으로서 교회와 우리의 관계를 변화시킨다(요일 3:14-18 참고). 코튼은, 우리가 하나님의 아들로서 이 큰 가족에 속하고 나면, "하나님의 아들들을 사랑하고 기뻐해야 한다"라고 말한다.[9] 그러므로 우리도 형제들을 위하여 목숨을 버리는 것이 마땅하다(요일 3:16 참고).

이와 같이 양자됨은 우리의 모든 삶을 바꾸는 교리이다.

---

7) Cotton, *An Exposition of First John*, 318.
8) Cotton, *An Exposition of First John*, 327-329.
9) Cotton, *An Exposition of First John*, 316.

결론: 양자됨의 더할 나위 없는 특권

청교도들은 상속자 되는 것이야말로 우리의 양자됨에 속하는 최고의 특권이라고 말한다. 하나님께 입양된 자녀들은 모두가 왕의 상속자요 그리스도와 함께한 상속자이다(롬 8:16,17 참고). 이 상속자됨 안에서, 입양된 그분의 자녀들에게는 은혜언약의 모든 은덕들, 곧 하나님이요 아버지이신 그분 자신을 포함하여 하나님의 모든 하늘 보화들이 주어진다.

친애하는 신자들이여, 여러분이 입양되었으므로, 여러분의 하늘 아버지께서 여러분을 가족으로 받고, 하나님 및 그분의 독생자와 친밀히 교제하게 하며, 그분을 아는 자유를 주고, 하나님을 아버지로 부르게 하며, 양자의 영을 주고, 아버지로서의 약속과 기도를 통해 여러분의 믿음을 강하게 하신다. 하나님은 여러분의 아버지로서, 여러분이 성화되도록 여러분을 고치고 징계하며, 사랑과 긍휼로 위로하며, 여러분을 지도하고 이끌며, 그리스도인으로서 자유를 누리게 하고, 타락에서 보전하고 지키며, 이 세상의 삶과 다가올 더 나은 세상에서 필요한 모든 언약적 자비를 베풀어 주신다.

제레마이어 버로우스처럼, 우리도 이 영광스러운 양자됨의 진리에 마음을 쏟아야 한다. "오, 예수 그리스도의 하나님께서 동일하게 나의 하나님이 되며 예수 그리스도의 아버지께서 동일하게 나의 아버지가 되신다는 이 가르침 안에 있는, 영혼을 만족시키며 황홀하게 하는 위로를 어느 누가 완벽히 표현할 수 있겠는가!"[10]

---

10) Jeremiah Burroughs, *The Saint's Happiness, or Lectures on the Beatitudes* (1867; repr., Beaver Falls, Pa.: Soli Deo Gloria Publications, 1988), 193.

25. 성화

종교개혁의 초기부터 로마 가톨릭교회는 종교개혁의 '오직 믿음으로 말미암는 칭의 교리'를 거부해 왔다. 그들은 기본적으로 이 교리가 사람을 '경솔하고 불경하게' 만든다는 입장을 고수했다(하이델베르크 요리문답 64문답 참고). 즉, 이 교리를 믿으면 교회 회원들이 하나님을 두려워하는 가운데 거룩한 삶을 추구하는 일을 멈추게 되리라는 것이다.

그러나 종교개혁자들과 마찬가지로 청교도들은, '참된 믿음으로 말미암아 그리스도에게 심긴 사람들이 감사의 열매를 맺지 않거나 "구원에 속한 것"(히 6:9)을 나타내지 않을 수 없다'고 주장했다. 그들은, 거룩함이 칭의에 반드시 필요한 전제 조건이 아니라 오히려 필연적인 결과물 또는 칭의의 열매라고 주장했다. 그리고 이런 구분을 매우 중대하게 여기고는 열심을 쏟았다.

이에 대해 존 오웬은 다음과 같이 기록했다. "하나님께서 특별한 방식으로 소유 삼은 모든 사람들, 곧 하나님을 영원토록 즐거워하는 복락으로 이끌고자 계획하신 사람들은 필연적으로 그 안에서 거룩하게 된다. 이것이 하나님의 영원하고도 변함없는 뜻이다."[1]

성령님은 즉각적인 중생 사역 이후에 자신의 새로운 피조물들을 점진적으로 거룩하게 하신다. 따라서 청교도들은 웨스트민스터 소요리문답과 같이 성화를 정의한다.

35문답

질문 | 성화란 무엇인가?

대답 | 성화는 하나님께서 값없이 베푸시는 은혜의 사역으로, 하나님의 형상대로 우리의 전인격이 새로워져 죄에 대하여는 점점 더 죽고 의에 대하여는 점점 더 살게 되는 것이다.

성화에 관한 사상

청교도들의 성화 사상에는 세 가지 요소가 포함된다.

첫째, 성화는 하나님의 성품 또는 본질에 뿌리를 둔다. 모든 피조물과 세상의 모든 악으로부터 구별되고도 독립된 하나님의 거룩함을 이해하지 않고서는 거룩함을 이해할 수 없다. 하나님이 거룩하시므로, 죄인들은 오직 그분의 독생자만이 올려 드릴 수 있는 무한하고도 거룩한 희생 제사 없이는 하나님을 가까이 할 수 없다(레 17:11; 히 9:22 참고).

둘째, 성화는 우리가 하나님 앞에서 가지는 지위 및 상태와 관련된, 하나님의 은혜로운 역사이다. 우리는 신자로서 거듭나는 순간부터 그리스도 안에 거하게 되는 거룩한 지위를 가진다. 우리는 거듭나는 동시에 하나님에게서 의롭다

---

1) Owen, *Pneumatologia*, in *Works*, 3:591.

함을 받으며, 그분 앞에서 거룩한 지위를 얻게 된다. 이것이 우리의 신분이다. 반면 거룩함을 실천하는 것은 우리가 오랫동안 걸어가야 하는 길이다.

청교도들은 이것을 결혼에 비유했다. 두 사람이 결혼하면, 그들은 신분적으로 하나가 되지만, 실제로 그들이 하나가 되는 것은 (비록 완벽히 실현할 수는 없다 하더라도) 전 생애에 걸친 결혼 생활 가운데 이루어진다. 그와 같이 그리스도인이 거듭나고 믿음으로 의롭다함을 받으면, 그는 그리스도와 하나 된 자의 지위로 하나님 앞에 서게 된다. 그러나 그가 일상에서 그리스도와 언제나 하나가 되는 것은 다른 문제이다.

성령은 신자가 살아가고 행하는 데에서 그리스도와 하나 되도록 하기 위해 점진적으로 그를 인도하고 도우신다. 이 성화의 사역은 이 땅의 삶에서는 결코 완성되지 않는다. 우리가 신분상으로는 거룩하고 죄의 형벌로부터 전적으로 자유할지라도, 세상에서 육체를 가지고 있는 한 마지막 호흡을 다하는 순간까지 날마다 죄(특별히 내재하는 죄)와 거룩한 전쟁을 계속해야만 한다.

셋째, 성화는 포괄적(웨스트민스터 소요리문답 35문답의 표현대로 하면, "전인적")으로, 그리고 계속 회개하고 의를 추구하는("죄에 대하여는 점점 더 죽고 의에 대하여는 점점 더 살게 되는") 것으로 표현되어야 한다. 청교도들이 잘 가르쳤듯이, 성화에서 회개는 단순히 "미안합니다"라고 말하는 수준을 뛰어넘는 일이다. 그들은 신자의 삶이 계속 변화되어야 한다는 사실을 가르쳐 준다. 즉, 회개는 죄를 깨닫고 미워한 결과로 삶이 변화되며(시 51:1-4 참고), 죄를 고백하고 용서를 구하는 것(잠 28:13 참고)과 관련된다. 그러므로 성화는 신자의 모든 삶에 강한 영향을 끼친다. 우리는 모든 부분에서 그리스도의 거룩함을 따라 살아갈 것을 요구받는다.

'안에서 밖으로' 일어나는 사역

청교도들이 성화를 칭의 다음에(앞이 아니라) 둔 데는 이유가 있었다. 그들은 거룩함을 로마 가톨릭교회와는 사뭇 다르게 이해했다. 로마 가톨릭주의는, 하나님 앞에서 우리가 가진 문제가 우리의 행위에서 비롯된다고 보았다. 우리가 그릇 행하였기 때문에 다시금 올바르게 행할 필요가 있다는 것이다. 반면 청교도들은 더욱 깊고도 예리하다. 청교도들은 겉으로 드러난 죄의 행위가 마음의 욕망을 반영한다는 것을 잘 알고 있었다(약 1:14,15; 엡 2:3 참고). 사람이 이 욕망을 변화시키지 않은 채 단순히 행동만을 고친다면, 차갑고도 사악한 마음을 가리는 위선과 자기 의의 망토라는 은폐물을 양산할 뿐이다. 또한 청교도들은, 행동만을 고치려고 하는 종교 체계가 의심할 여지 없이 소위 죄책감 또는 협박에서 비롯된 잔인한 학대일 뿐이라고 강조했다. 도리어 마음이 변해야 하며, 그리스도를 바라보는 더욱 강한 힘으로 악한 욕망이 제거되어야 한다.

그러므로 목사로서 청교도들은 자신들을 영혼의 의사로 여겼다. 청교도들은 회중이 온 마음을 다하여 주님을 사랑하기를 원했다. 그들은 회중이 그저 하나님의 형벌이 무서워서가 아니라 진정으로 죄를 미워하기를 바랐다. 다시 말해, 청교도들은 그리스도를 닮아 가는 참된 거룩함과 성장이 '안에서 밖으로' 일어난다고 보았다. 그것이 거룩한 마음의 정서와 욕구 깊은 곳에서 시작해 외적인 경건한 행동으로 표현되는 것이다.

우리 영혼 안에서 복음을 경험하는 일

그렇다면 성령은 어떻게 우리 마음에 이처럼 깊은 변화를 일으키시는가? 가장 근본적으로는, 우리를 복음으로 고양하고 감동하여 주님과 주님의 길을 맛보게 하심으로써 그렇게 하신다. 실제로 존 오웬은 "성화란 우리 영혼에 복음을 심고 쓰고 현실화하는 것"이라고 말했다.[2] 그러하기에 성화는 우리가 맨 처음 구원받았을 때와 동일한 방식으로 이루어져야 한다. 즉, 우리는 그리스도의 피로 의롭다하심을 받은 것처럼, 그리스도의 피로 거룩해져야 한다.

오웬은 계속해서 다음과 같이 말한다. "성령은 실제로 깨끗하게 하고 정결하게 하시는 그리스도의 피의 은덕을 우리의 영혼과 양심에 전달하신다. 이를 통해 우리는 부끄러움에서 벗어나 하나님을 향하여 담대히 나아가게 된다."[3] 그러므로 믿음으로 말미암아 우리의 양심이 죄책으로부터 자유로워지고, 거룩함의 본질인 참된 마음으로 하나님을 사랑하는 일에서 자라게 된다.

리처드 십스는 이것을 다음과 같이 설명했다.

> 그리스도 안에 있는 감미로움과 사랑을 인식하게 되면 마음이 부드러워집니다. 부드러운 마음은 그리스도의 피로 말미암습니다……무언가가 차가울 때, 우리는 그것을 난롯불로 가져와 열을 쪼여 녹입니다. 마찬가지로 우리의 차가운 마음을 그리스도의 사랑의 불로 가져와야 합니다……만일 여러분의 마음이 부드럽게 녹기를 원한다면, 은혜의 방편을 사용하십시오. 복음이라는 햇살 아래 거하십시오.[4]

즉, 성령은 본성적으로 하나님을 미워하는 우리의 마음에 그리스도를 나타내심으로써 그분을 신실하게 사랑하는 마음으로 바꾸어 주신다. 그러므로 그리스도 예수 안에 있는 하나님의 무조건적인 은혜는 처음에 죄인들의 마음을 하나님께로 향하게 만들 뿐만 아니라, 신자들의 마음이 죄를 사랑하는 데에서 돌이켜 하나님을 사랑하도록 지속적으로 변화시키는 근본적인 방편이 된다.

---

2) Owen, *Pneumatologia*, in *Works*, 3:370,371.

3) Owen, *Pneumatologia*, in *Works*, 3:445.

4) Sibbes, "The Tender Heart," in *Works*, 6:33,41.

성령과 함께 거하기

성화가 우리 안에서 일하시는 성령의 사역이라고 하여 그리스도인들이 그저 수동적으로 "될 대로 되고 하나님이 알아서 하시라"라고 말해도 되는 것은 아니다. 성령께 생명을 받은 사람들은 죄를 미워할 것이며, 더욱 능동적으로 죄를 죽일 것이다(신학자들은 이를 '죄 죽임의 교리'라고 부른다). 따라서 그들의 마음이 그리스도를 사랑하는 마음으로 바뀌었다면, 그들은 그리스도를 더 알고 싶어 할 것이며, 그분을 닮고 그분의 길로 행하고 싶어할 것이다(신학자들은 이를 '살 아남의 교리' 또는 새사람으로 되살아나게 하는 것이라고 부른다). 그들이 경건해질수록, 그들은 더욱 열심히 죄와 싸우고 의를 추구하게 될 것이다.

성령을 따라 살게 될 때, 신자는 하나님 아버지의 성품을 본받고 그리스도의 형상을 본받으며(빌 2:5-8 참고) 성경에 계시된 성령의 마음에 복종하게 만드는(롬 8:6 참고) 성령의 은혜를 구하면서, 삼위일체적 경건을 추구하게 될 것이다(레 11:44 참고). 이것은 하나님께서 자기 백성들을 거룩하게 성장시키기 위해 제공하시는 방편(영적 훈련)을 부지런히 사용하는 일과 관련된다. 청교도들은 이런 훈련을 세 가지 범주로 나누어 말한다.

① 개인적인 훈련(private discipline): 성경을 읽고 연구하는 것, 성경을 묵상하는 것, 기도하는 것, 설교를 듣는 것, 하나님을 영화롭게 하는 책들을 읽는 것, 영적 일기를 쓰는 것

② 가정 훈련(family discipline): 가정 예배, 영적 대화, 손님접대

③ 공동 훈련(corporate discipline): 설교된 말씀, 성례, 성도의 교제, 주님의 날을 온전히 거룩하게 지키는 것

성화 가운데 성장하려면, 신자가 영적 훈련에 부지런히 참여하면서 하나님의 성령을 의지해야 한다. 인내하면서 끈기 있게 이러한 수단을 사용할 때, 성령의 사역이 이것들을 효과적으로 만든다.

결론: 영원을 위한 아름다움

조나단 에드워즈는 거룩함이 시리고 아픈 것이 아니라고 가르쳤다. 거룩함은 하나님의 흠 없는 아름다움이다. 그러므로 성령의 사역인 성화는 신자들이 죄로 인해 입은 상처를 치료하고, 그들을 온전하게 하며, 신적 아름다움 가운데 자라게 한다. 거룩함은 새로운 피조물의 시작으로, 우리가 부활할 때에 완성될 일을 이 땅에서 미리 경험하고 실제로 이루어 가게 한다.

26. 구원의 보증

청교도들은 은혜와 구원의 보증(assurance)에 관하여 글을 많이 썼다. 그들은 이 보증을, 신자가 믿음으로 그리스도에게 속하여 영원한 구원을 누리리라는 확신으로 정의했다. 이 보증을 가진 사람은 구원 얻기 위해 그리스도의 의를 믿을 뿐만 아니라, 자신이 믿는 분, 곧 자신을 위해 죽으셨고 하늘에서 계속 기도하시는 그리스도로 말미암아 은혜 가운데 아버지께 택함 받고 사랑과 용서를 받았다는 사실을 확실히 안다. 개인적인 구원의 보증은 하나님과의 친밀한 교제, 어린아이와 같은 신뢰 및 자발적인 순종, 하나님을 갈망함, 말로 형용할 수 없는 기쁨, 그리고 그리스도로 말미암아 삼위 하나님과 누리는 화목, 지상 대명령을 수행함으로써 하나님을 영화롭게 하려는 열망이라는 열매에서 발견된다.

구원의 보증에 관한 윌리엄 퍼킨스의 견해

윌리엄 퍼킨스는 구원의 보증에 관해 저술한 청교도 작가들 가운데 가장 위대한 사람으로 꼽힌다. 믿음의 확신을 다루는 퍼킨스의 글은 17세기에 벌어진 논쟁 및 웨스트민스터 신앙고백서 18장과 관련된 논의의 배경이 되었다. 퍼킨스는 1580년대 말과 1590년대에 수많은 책을 집필하여, 사람이 자신의 구원을 어떻게 알 수 있는지를 설명하였다.

『황금사슬: 또는 신학의 묘사: 구원과 저주의 원인들의 순서를 포함함』(*A Golden Chaine: Or, The Description of Theologie: Containing the Order of the Causes of Salvation and Damnation*)[1]

『사람이 저주의 상태에 있는지, 은혜의 상태에 있는지에 대한 선언을 다룬 논문』(*A Treatise Tending unto a Declaration, Whether a Man Be in the Estate of Damnation or in the Estate of Grace*)

『역사상 가장 중대한 양심의 조사: 사람이 하나님의 자녀인지 아닌지를 어떻게 알 수 있는가』(*A Case of Conscience, the Greatest that Ever Was: How a Man May Know Whether He Be the Childe of God or No*)

『양심에 대한 강론: 그 본질과 속성과 차이는 어디에 있는가: 또한 선한 양심을 유지하는 방법』(*Discourse of Conscience: Where Is Set Down the Nature, Properties, and Differences Thereof: As Also the Way to Get and Keepe a Good Conscience*)

『겨자씨 한 알: 또는 구원에 영향을 끼치는 가장 작은 은혜의 방편』(*A Graine of Musterd-Seede: Or, the Least Measure of Grace that Is or Can Be Effectuall to Salvation*)[2]

---

1) William Perkins, *A Golden Chain*, in *The Works of William Perkins*, ed. Joel R. Beeke and Derek W. H. Thomas, 10 vols. (Grand Rapids: Reformation Heritage Books, 2015-2020), 6:1-272.

2) 이상 네 논문들은 모두 다음 작품에 실려 있다. Perkins, *Works*, vol. 8.

퍼킨스는 많은 작품들에서, 자신의 양심을 살펴 그리스도의 구원 사역에 근거하는 선택에 관하여 최소한의 증거를 얻으라고 가르쳤다. 그는 이런 노력을 근본적으로 하나님의 주권과 인간의 책임 사이에 "거룩한 균형"을 유지하기 위해 목사가 수행해야 할 임무 중 하나로 보았다.[3] 죄인들은 하나님의 변함없는 사랑이 어떻게 인간의 의지를 움직이는지, 그리고 택함 받고 하나님의 언약에 속해 있다는 증거를 어떻게 찾는지를 보아야 했다. 또한 그들은 어떻게 하면 이 세상에서 하나님의 택함 받은 백성으로 살아감으로써 그들을 향한 선택을 확실히 할 수 있는지를 배워야 했다.

보증의 근거

퍼킨스는 보증의 근거를 세 가지로 제시했다.

① 하나님의 언약에 포함된 바 그리스도가 흘리신 언약의 보혈로 확증되고 재가된 복음의 약속들

② 우리 영과 더불어 우리가 하나님의 자녀임을 증언하시는 성령의 증언

③ 성화의 열매들

이 세 가지 근거는 성령의 조명하고 적용하시는 사역에 달려 있는데, 너무나 중요할 뿐만 아니라 서로 긴밀하게 연결되어 있다. 그래서 퍼킨스는 이를 "천국의 문을 돌게 하는 경첩"이라고 불렀다.[4] 신자들은 이 세 가지 근거들 또는 증거의 범주에서 가능한 한 커다란 보증을 구함으로써 그 안에서 성장하기 위해 항상 분투하고 애써야 한다.

하나님의 약속들은 언제든지 보증의 주된 근거이다. 믿음으로 하나님의 약속들을 받아들일 때, 그 약속은 성화의 열매를 맺으며, 성령의 증언이나 증거를

---

3) Irvonwy Morgan, *Puritan Spirituality* (London: Epworth Press, 1973), ch. 2.

4) Perkins, *Commentary on Galatians*, in *Works*, 2:260.

통해 우리의 마음에 확증된다. 때때로 신자는 자신의 경험 가운데서 이런 한두 가지, 또는 몇 가지 근거를 잘 깨닫지 못할 수 있다. 심지어 성령께서 하나님의 말씀을 통해 신자의 영에 '그리스도가 그의 소유가 되며 그가 그리스도의 것이 된다'는 사실을 강력하게 증언하시는데도 그럴 수 있다. 그렇다 할지라도 신자가 그로 인해 괴로워해서는 안 된다고, 퍼킨스는 말한다. 왜냐하면 성령의 증언이 택함 받은 신자를 설득할 만큼 깊이 느껴지지 않을 때에도 성화를 통해 성령의 사역의 효과가 드러날 것이기 때문이다.

퍼킨스는 그의 저서에서, 신자가 성령을 의지하는 가운데 자신의 구원에 관한 보증을 더하기 위해 사용할 수 있는 성화의 다양한 표지들이나 역사들을 제시한다. 여기 그런 목록들 가운데 하나가 있다.

① 우리의 필요를 느끼고, 하나님을 대적하는 모든 죄를 애통해하는 마음을 가지는 것

② 육신에 맞서 분투하는 것, 즉 육신에서 나오는 불경한 행동을 미워하고 억누르며, 그것을 부담스러워하고 고통스러워하면서 슬퍼하는 것

③ 영생을 얻기 위해 하나님의 은혜와 그리스도의 공로를 간절하고도 열렬히 바라는 것

④ 그것을 얻었을 때 가장 귀한 보석으로 여기는 것(빌 3:8 참고)

⑤ 하나님의 말씀을 전하는 사역자가 말씀을 전하는 목사인 동시에 그리스도인이라는 점을 알고 그를 사랑하는 것, 그러기에 필요하다면 그들과 더불어 우리의 피를 흘릴 수 있도록 준비하는 것(마 10:42; 요일 3:16 참고).

⑥ 간절함과 눈물로 하나님을 부르며 기도하는 것

⑦ 죄의 날들이 끝나는 날, 곧 그리스도가 오셔서 심판하실 날을 갈망하고 사모하는 것

⑧ 모든 죄의 상황에서 도망치며 생명의 새로움을 얻기 위해 진지하게 노력하는 것

⑨ 호흡이 다하는 마지막 날까지 인내하면서 이 모든 일들을 수행하는 것[5]

퍼킨스는, 만일 신자가 이런 은혜의 표지들 중 몇 가지를 아주 조금이라도 경험한다면 자신이 하나님의 성령에 의해 성화되고 있음을 확신할 수 있다고 가르쳤다. 이 모든 표지들은 죄와 악 가운데 죽은 자들에게는 낯설고 '부자연스러운' 것들이다.

그러므로 구원의 전체 황금 사슬(순서대로, 선택, 부르심 또는 효과적 소명, 믿음, 칭의, 성화, 영화)은 "동반되는 요소들로서 서로 분리할 수 없고," 신자는 "그 마음 가운데 이 모든 것들을 소유하고 있으며, 때가 이르면 절대적으로 다른 모든 것들에 관심을 가지게 될 것"이라고 결론 내릴 수 있다.[6]

삼위일체적 구조

퍼킨스는, 이 모든 것들이 인간 중심의 종교적 산물이 아님을 보여 주기 위해 은혜의 모든 표지들을 삼위일체적 구조로 제시해야 한다는 것을 예리하게 잘 인식하고 있었다. 퍼킨스는 요한일서 4장 7절을 주해하면서, 신자들이 "그리스도의 아버지 하나님이 그들의 아버지요, 그리스도가 그들의 구속자이며, 성령께서 그들의 성화주이심을 확신하는 특별한 지식으로" 하나님을 알 수 있다고 말한다.[7]

모든 보증은 그리스도 중심적이다. 보증은 그리스도의 공로에 기초하며(요일

---

5) Perkins, *A Golden Chain*, in *Works*, 6:262,263.

6) Perkins, *The Whole Treatise of the Cases of Conscience*, in *Works*, 8:153.

7) Perkins, *A Case of Conscience*, in *Works*, 8:609.

2:12 주해 참고), 믿음으로 그분을 받아들이고(요일 5:4 주해 참고), 성화 가운데 그분을 본받게 한다(요일 3:3 주해 참고).[8] 보증은 성령으로 그리스도에게 행해진 기름 부음에 달려 있으며, 모든 신자들이 이 기름 부음에 참여한다. 퍼킨스는, 사도 요한이 요한일서 2장 20절과 27절에서 언급하는 '도유(unction)' 또는 '기름 부음(anointing)'을 구약에서 거룩한 기름을 부은 일의 성취요 우리가 그리스도에게서 받는 하나님의 성령의 은혜로 보았다.[9]

요컨대, 신자는 그리스도에게서 흘러나와 성령, 곧 신자의 양심 가운데서 그가 하나님의 자녀임을 증언하시는 성령으로 말미암아 그의 마음과 삶에 나타나는 구원적 은혜의 표지들을 분별함으로써 아버지 하나님의 양자 된 것을 확증할 수 있다.

결론적 적용

퍼킨스를 통해, 오늘날 우리에게도 우리의 부르심과 택함 받음을 굳게 하기 위해 분투하는 일이 지극히 중요하다는 점을 배워야 한다. 성령께서 비추어 주시는 은혜와 더불어, 하나님의 약속과 성령의 증언과 구원 및 성화에 관한 은혜의 표지들을 통해 가능한 한 굳게 확신하기 위해 분투하라!

---

8) Perkins, *A Case of Conscience*, in *Works*, 8:602,605,611.

9) Perkins, *A Case of Conscience*, in *Works*, 8:603,604.

27. 견인

종교개혁을 촉발한 마틴 루터의 투쟁의 핵심은, 하나님과 화목하게 될 수 있는가, 그리고 죽음 앞에서 구원을 확신할 수 있는가 하는 것이었다. 청교도 시대에도 비슷한 질문이 이어졌다. 특히 참된 신자가 그리스도와의 연합에서 떨어져 나가 궁극적으로 저주를 받을 수도 있는가 하는 질문이 제기되었다. 청교도들은 이 질문이 목회적으로 중요하다는 것을 잘 알고 있었다. 그래서 이 질문에 대해 '아니오!'라는 대답을 거듭 강조했다.

참된 성도의 견인

오웬은 『성도의 견인 교리에 대한 설명과 확증』(*The Doctrine of the Saint's Perseverance Explained and Confirmed*, 1654)이라는 작품에서 청교도들이 성도의 견인을 믿은 몇 가지 주된 이유들과 그것을 그토록 강조하며 변론하는 근거를 요약하였다. 오웬은 다음과 같이 말한다.

하나님의 영원한 사랑은 변하지 않는다. 하나님은 자신의 약속에 신실하시며, 아들의 죽음을 통해 비준된 하나님의 언약은 변하지 않는다. 또한 그리스도께서 값 주고 사신 열매는 그리스도께서 위하여 죽으신 모든 사람들에게 확실히 주어지며, 이 일에 진심으로 관심을 두는 모든 사람들은 구원에 이를 때까지 보호를 받는다. 여러분과 하나님의 모든 성도는 바로 이 사실을 통해 평화와 위로를 누릴 수 있다. 또한 이것이 지금 내가 간절히 전하고 주장하고자 하는 바이다.[1]

다시 말해, 오웬은 하나님께서 우리 안에서 시작하신 일을 마치실 것이라는 삼위일체적 신앙을 확고하게 견지했다(빌 1:3-6; 벧전 1:3-5 참고).

첫째, 성부 하나님은 자기 백성을 궁극적으로 구원하리라 목적하고 약속하셨다. 하나님은 본성상 변덕스럽지 않으며, 변하지도 않고 변하실 수도 없다. 그러므로 하나님의 목적과 약속들은 확고하며 변하지 않는다. 하나님의 목적과 약속들은 우리의 상황에 따라 달라지지 않는다. 도리어 하나님의 목적이 우리의 모든 상황을 결정한다. 따라서 어느 누구도 신자를 하나님의 손에서 빼앗을 수 없다는 말씀을 읽으면서(요 10:27-29 참고), 우리는 하나님의 그 약속들을 신뢰할 수 있다.

둘째, 예수 그리스도께서 언약을 성취하셨다. 그리스도는 우리 죄를 위한 희생 제물로서, 자기 백성들의 모든 죄를 속량하고 하나님의 공의와 율법의 요구를 충족시키셨다. 또한 그분은 우리의 위대한 대제사장으로서, 자신의 희생 제사에 근거하여 하나님의 보좌 우편에서 우리를 위해 효과적으로 중보하신다. 그리스도는 자신의 보혈을 값으로 주고 자기 백성을 사셨으므로, 그분께서 삶

---

1) Owen, *The Doctrine of the Saints' Perseverance Explained and Confirmed*, in *Works*, 11:5,6.

과 죽음으로 이루신 바 성부께서 그에게 주신 모든 사람들의 구원을 결코 잃지 않으실 것이다.

셋째, 성령은 신자들을 그리스도께 연합시키고, 그들 안에 거하며, 그들로 하여금 그리스도의 형상을 본받게 하시기 위해 보냄을 받으셨다. 그러므로 성령은 우리 기업의 보증이 되신다(엡 1:14 참고). 그런데 만일 성령께서 인 치신 자들이 궁극적으로 타락하고 만다면, 어떻게 그분이 보증이 되신다고 하겠는가? 또한 성령께서 신자들을 그리스도께 참되게 연합시키신다면, 그리스도의 몸으로부터 지체를 잘라 내는 것과 같이 신자가 떨어져 나가는 일이 어찌 있을 수 있겠는가?

이제 여기에 세 가지 해설을 간략히 덧붙이고자 한다.

첫째, 성경과 교회의 역사를 보면, 그리스도를 믿는 개인들이 신앙고백에서 배교하거나 떨어져 나가는 일이 있다. 그러나 이것이 성도들이 구원에서 탈락할 수 있다는 것을 증명하지는 않는다. 다만 배교하는 그들이 참된 신자가 아니었을 뿐이다.

둘째, 청교도들은 참된 성도들이 일시적으로 타락하여 구원에서 떨어진 것처럼 보일 수 있다고 가르쳤다. 신자들도 걸려 넘어질 수 있고, 죄에 빠질 수 있다. 그러나 그들은 결코 영원토록 죄 안에 살지 않는다. 오웬은, 불신자는 기꺼이 죄에 들러붙어 살지만 신자는 그의 의지에 반해 죄가 신자에게 들러붙는 것이라고 구별하여 말함으로써, 불신자와 신자의 차이점을 설명했다.

셋째, 청교도들은 이와 비슷한 맥락에서 이것을, 신자라면 확신하지 못하여 괴로워하는 일이 없다는 의미로 사용하지 않았다. 물론 하나님은 자기 백성들을 알며, 그들을 지키고 보호하신다. 그러나 우리 입장에서 인내는 고된 일이다. 우리는 죄와 싸워야 하며, 거룩함을 향해 성장하고 신실함을 지키기 위해 분투해야 한다. 견인은 배를 타고 해안을 따라 유람하는 것이 아니다.

견인 교리에 대한 반대

이 교리의 가치를 깎아내리는 사람들은 늘 있어 왔다. 그들은 이 교리가 비성경적이고, 비현실적이며, 불경하다고 주장한다.

(1) 그들은 이 교리가 비성경적이라고 주장하면서, 능력을 맛보고도 '타락'한 자들이 다시 새롭게 회개할 수 없다는 구절들(히 6:1-8, 10:26-39 참고)을 근거로 내세운다. 청교도들은 이에 응수하여, 신약성경의 서신서들은 전체 회중을 염두에 두고서 기록되었으며, 하나님의 추수 밭에는 언제나 알곡들 사이에 가라지가 있었다는 사실에 주목했다. 그러하기에 디모데후서 2장 17절에서는 진리에 관하여 "그릇되고" 파선한 후메내오와 빌레도가 있다고 말할 뿐만 아니라, 더불어 두 절 아래에서 다음과 같이 말한다.

"그러나 하나님의 견고한 터는 섰으니 인침이 있어 일렀으되 주께서 자기 백성을 아신다 하며"(딤후 2:19).

(2) 그들은 이 교리가 비현실적이라고 주장하면서, 누구든지 마지막 순간까지 신실할 수는 없다고 말한다. 이에 청교도들은, 우리가 자신의 힘이 아니라 하나님의 능력으로 끝까지 보호하심을 받는다고 답했다(벧전 1:5 참고).

(3) 견인 교리에 반대하는 자들은 이 교리가 거룩한 삶을 살고자 하는 동기를 없애기 때문에 불경하다고 주장한다. 이 역시 청교도들의 가르침을 오해한 것이다. 성령은 우리를 그리스도와 연합시키기 위해 오셨을 뿐만 아니라, 우리로 하여금 그리스도의 형상을 본받게 하신다. 성령은 신자로 하여금 신실함과 거룩함 안에서 성장하게 하시는 거룩한 영이며, 따라서 신자들을 견인하신다. 게다가 이 교리는 하나님을 향한 참된 사랑을 키우는 일과 관련하여 다른 무엇보다도 중요하다.

토마스 왓슨은 이를 다음과 같이 표현했다. "그리스도 안에서 우리에게 주어지는 주요한 위로가 바로 이 견인 교리에서 비롯된다. 이 교리를 없애는 것은 신앙에 해를 끼치는 일이며, 모든 유쾌하고도 즐거운 노력의 힘줄을 끊어 버리는 것과 같다."[2]

만일 이 교리가 없다면 우리는 낙담하고 말 것이며, 복음이 주는 자유와 사랑 안에서 하나님께로 가까이 나아가지도 못할 것이다. 또한 사랑이 없다면, 참된 순종도 없을 것이다. 하나님의 사랑과 위로의 약속들은 우리 안에 있는 죄의 권세를 키우지 않으며, 오히려 그것을 파괴한다.

---

2) Thomas Watson, *A Body of Practical Divinity, in The Select Works of the Rev. Thomas Watson* (New York: Robert Carter & Brothers, 1855), 186.

28. 천국, 사랑의 세상

    청교도들은 자신들을 비롯하여 천국을 바라는 사람들을 (번연의 『천로역정』에 등장하는 주인공처럼) 천성을 향해 순례하는 여행자로 보았다. 그들은 하나님의 자녀들에게 약속된 안식과 영광을 깊이 생각하는 글을 많이 썼다. 그 덕분에 우리는 종말을 풍성하게 다루는 작품들을 많이 살펴볼 수 있게 되었다. 특히 이번 장에서는 청교도주의 운동이 잉글랜드에서 거의 사라진 이후 시간(18세기)과 공간(뉴잉글랜드)을 초월하여 태어난 청교도, 조나단 에드워즈를 기억해 보는 것이 적절할 듯하다.

    에드워즈는 1738년에 매사추세츠의 노샘프턴에서 고린도전서 13장을 본문으로 일련의 설교를 전했는데, 그 마지막 설교의 제목이 "천국은 사랑의 세상"이었다. 이 설교에서 에드워즈는, 천국을 하나님의 정원이요 궁전이며 성전이고 알현실(presence-chamber)이라고 불렀다. 에드워즈는 이렇게 결론짓는다.

이는 천국을 사랑의 세상으로 만듭니다. 태양이 빛의 원천이듯, 하나님께서 사랑의 원천이시기 때문입니다. 그러므로 궁창에 있는 태양이 화창한 날에 세상을 빛으로 채우듯이, 천국에 있는 하나님의 영광스러운 임재가 천국을 사랑으로 채웁니다.[1]

이것은 특별히 하나님과 어린양의 영광이 어둠을 내쫓고 새 예루살렘을 빛으로 채운다고 묘사하는 요한계시록 21,22장에서 가져온 표현이다. 하나님의 사랑과 영광의 빛은 천국에 있는 모든 이들을 거룩하고 행복하게 만든다. 그리하여 그곳에 있는 모든 이들이 다 함께 사랑스러워진다. 악이나 죄나 그 어떤 더러움도 천국을 오염시킬 수 없다.

천국에서 교회는 티나 주름 잡힌 것이 없이 거룩하고 깨끗한 옷을 입은 신부로 그리스도 앞에 나타날 것이다(엡 5:25-27 참고). 하나님의 사랑이 교회의 머리 되시는 그리스도와 그분께 속한 모든 이들에게로 흘러갈 때, 신랑과 신부가 서로를 즐거워하게 될 것이다. 하나님께서 사랑의 빛을 발하실 때, 천국에 거하는 모든 성도와 천사들이 그 사랑에 응답하여 다 함께 그분 안에서 즐거워할 것이다. 하나님의 사랑으로 충만한 천사들과 성도들이 서로를 온전히 사랑하게 될 것이다.

다시 말해, 에드워즈는 우리가 하나님의 정원에 핀 꽃처럼 하나님의 사랑의 빛 안에서 움트고 만개하여 천상의 향기를 내뿜을 것이라고 말한다.

상쾌한 봄날에 이 땅의 꽃들이 태양의 온기와 빛으로 가득 차고 그 광선을 받아 아름다움과 향기로 만발하기 위해 태양을 향하듯이, 모든 이들이 사랑

---

1) Edwards, "Charity and Its Fruits," in *Works*, 8:369.

의 원천이신 하나님의 영광에서 흘러나오는 사랑으로 충만해지기 위해 하나님께로 가까이 나아갈 것입니다. 모든 성도는 하나님의 동산에서 꽃과 같고, 거룩한 사랑은 그들에게서 뿜어져 나와 낙원을 가득 채우는 향기와 달콤한 향수 같습니다.[2]

여기서 에드워즈는 중생을 통해 그리스도인의 마음속에 심긴 씨앗, 곧 하나님을 향한 천상의 사랑의 씨앗이 활짝 피어나는 것을 상상하고 있다. 이 작은 씨앗이 신자로 하여금 거룩함과 하나님의 임재를 갈망하게 만든다. 그러나 그 날에는 하늘의 모든 소망이 성취될 것이며, 하나님을 향한 사랑이 완전하게 발현될 것이다.

에드워즈는 전형적인 청교도의 표현을 사용하여 이런 천국에 대한 소망을 청중에게 적용한다. 그는 불신자들에게 그날 그들이 잃어버리게 될 모든 것들을 깊이 생각하라고 간청한다. 끔찍한 대조를 통해, 그들이 마주할 세상, 곧 사랑도 없고 모든 것이 혐오스러운 미움의 세상, 하나님의 무시무시한 심판의 구덩이인 지옥을 제시한다. 반면 신자들의 경우, 하나님께서 그들을 불러 진실로 천국을 바라보게 하시며, 그 소망으로 그들의 눈을 채우고, 이 피곤하고도 타락한 세상에서 인내하며 자라 가도록 격려하신다. 그러므로 에드워즈는 신자들에게 세속적인 것을 즐기는 대신 계속 천국을 생각하고 그곳을 바라보면서 살아가라고 권면한다.

여러분이 천국을 많이 생각하지 않는다면, 그곳을 진지하고도 끊임없이 추구할 수 없습니다. 그러므로 지금 여러분의 생각과 묵상을 사랑의 세상으로

---

2) Edwards, "Charity and Its Fruits," in *Works*, 8:386.

옮기십시오. 그곳에 계시는 사랑의 하나님과 승천하여 하나님의 우편에 앉으신 그리스도를 생각하고 묵상하십시오. 그리고 그 세상에서 누릴 행복한 즐거움을 생각하십시오. (하나님과 그리스도와) 많이 교제하고 대화하십시오. 이것이 없다면, 천국은 천국이 아닙니다.[3]

사랑하는 신자들이여, 우리의 본향인 천국은 사랑의 세상이다. 그러므로 우리는 이제 여기서 그곳을 기대하면서 사랑의 삶을 살아야 한다. 이것이야말로 천상의 사랑의 씨앗을 가진 사람들이 이 세상에서 살아가는 방식이다.

---

3) Edwards, "Charity and Its Fruits," in *Works*, 8:395.

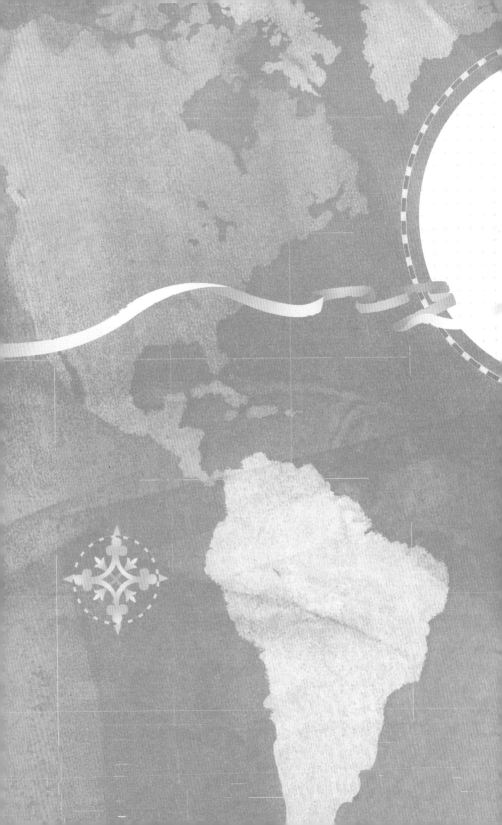

5부

그리스도의 신부

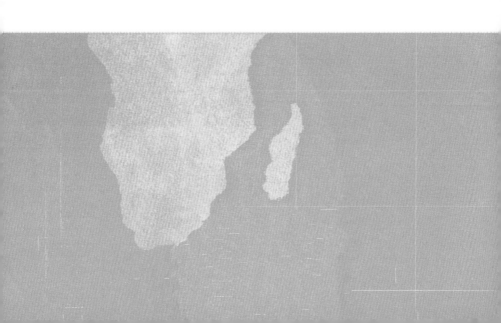

29. 교회와 예배

종교개혁은 예배의 개혁을 가져왔다. 중세 교회는 십자가 위에서 죽어 가는 그리스도의 형상과 제단을 중심으로 한 예배를 강조하였다. 사제들은 교육받은 자들만이 이해할 수 있는 라틴어로 찬가를 부르면서 하나님께 제사하는 복잡한 의식들(rituals)을 연출하고 수행했다. 많은 국면에서, 청교도들은 마틴 루터가 시작하고 존 칼빈이 발전시킨 예배의 변화들을 그대로 이어받았다. 종교개혁자들은 사람이 만든 형상들과 성물들, 거룩한 의식들로 이루어진 예배를 폐지하고, 하나님의 말씀에서 규정하는 대로 그리스도를 통해 하나님께 올려 드리는 단순한 예배를 강조하면서 예배를 회복했다.

하나님을 아는 지식

청교도의 예배에서 가장 근본이 되는 원리는 참되신 하나님을 아는 것이었다. 윌리엄 퍼킨스는 이렇게 말했다. "하나님을 올바로 알지 못하는 자는 그분을 올바로 예배할 수 없다. 그는 자신의 머리로 만든 우상이나 마귀를 예배할 뿐이다."[1] 하나님의 완전하심(전능하고 전지하며 선한 주님이신 하나님)을 알 때, 비로소 우리는 오직 하나님만이 우리가 온 마음을 다해 경배하기에 합당하신 분임을 보게 될 것이다. 그러므로 예배자는 반드시 하나님의 말씀으로부터 배워야 한다.

또한 청교도들은 중보자이신 예수 그리스도가 아니고서는 하나님께로 가까이 갈 수 없음을 이해했다. 우리는 하나님을 대적하여 범죄했다. 하나님은 소멸하는 거룩한 불로 임하신다(히 12:28,29 참고). 하나님께 가까이 가려면, 우리는 반드시 성령의 은혜 가운데, 우리를 받아 주는 길을 열어 주신 그리스도의 보혈과 중보를 의지해야 한다(히 10:19-22 참고). 그렇게 할 때, 우리는 선한 양심과 큰 기쁨으로 참되신 하나님을 예배할 수 있다. 결국 예배는 복음을 설교하는 일과 결코 분리될 수 없다.

예배의 규정적 원리

예배의 목적은 하나님을 기쁘시게 하는 것이다. 그러므로 청교도들은, 교회가 오직 하나님의 말씀에서 명령하는 대로 하나님을 예배해야 한다고 가르쳤다. 이것은 개혁주의 기독교의 두드러진 특징이다. 다른 전통에 속한 그리스도인들은 대부분 하나님의 말씀과 모순되지 않는 요소라면 하나님을 예배하는 일에 더해질 수 있다고 주장했다. 그러나 청교도들은 성경에서 가르치는 대로, 다른 것을 더하거나 빼지 않고(신 12:32 참고), 우리의 마음을 의지하거나 전통을 따르지 않으며(민 15:39; 겔 20:18; 마 15:9 참고), 오직 주 여호와께서 명령하신 대로 하나님을 예배해야 한다고 지적했다(출 25:9, 39:1 참고).

---

1) Perkins, *A Warning against the Idolatry of the Last Times, and an Instruction Touching Religious, or Divine Worship*, in *Works*, 7:477.

하나님은 공인되지 않은 채 사람이 '자의로 드리는 예배'를 기뻐하지 않으신다. 왜냐하면 그것이 거룩하신 하나님께 영광을 돌리지 않기 때문이다(레 10:1-3 참고).

공적 예배에는 본질적으로나 외적으로 요구되는 요소들이 몇 가지 있는데, 청교도들도 그것들을 인정했다. 우리는 사람들이 비를 맞지 않고 따뜻하게 예배할 수 있도록 건물에서 모인다. 그러나 우리는 건물 자체를 거룩한 장소로 생각해서는 안 된다. 우리는 몸을 감싸고 보호하기 위해 적절한 옷을 입지만, 그 옷이 우리를 거룩하게 만들거나 하나님께 받아들여질 만하게 만든다고 생각해서는 결코 안 된다.

청교도의 예배는 물건이나 의식에 초점을 맞추지 않았다. 그들의 예배는 그리스도 안에 있는 하나님의 영광, 하나님의 말씀을 듣는 일, 하나님의 이름을 찬미하는 일, 하나님의 은혜를 구하고 그분의 복을 받는 일에 주목했다. 설교가 예배 전체의 중심이었다. 청교도 목사들은 회중과 나라를 위하여, 복음이 온 세상에 편만하게 전파되는 일을 위하여 진실하고도 구체적으로 기도하면서 그들의 교회를 이끌었다.

청교도들은 찬양을 사랑했고, 시편을 모든 시대의 교회를 위해 하나님께서 감동하신 찬송으로 여겼다(엡 5:19; 골 3:16 참고). 수도사들과 사제들은 수 세기 동안 라틴어로 시편을 찬송했다. 반면 종교개혁은 회중 전체를 '찬양대'로 만들었고, 시편을 평범한 사람들의 언어로 돌려주었다. 윌리엄 에임스(William Ames, 1576-1652)는 시편 찬송을 권장하면서, 그것이 "경건한 지성에 달콤한 기쁨"을 주고, "더욱 분명하고도 확고히 묵상"하게 하며, "서로를 훈육"하게 한다고 말했다.[2]

---

2) William Ames, *Conscience with the Power and Cases Thereof* (London: by E. G. for I. Rothwell, T. Slater, L. Blacklock, 1643), 2:43.

예배의 중심이 되는 설교

중세 교회의 예배가 가시적인 형상과 의식적인(ceremonial) 행위들을 강조한 반면, 청교도들은 예배에서 하나님의 말씀을 읽고 설교하는 일을 강조했다. 그들은 상당한 성경 구절들을 큰 소리로 회중에게 읽어 주었다. 설교는 청교도 예배의 절정이었다. 설교는 대개 한 시간 정도 소요되었는데, 몇 가지 교리적 요점이나 믿어야 할 가르침으로 구성되었고, '용법' 또는 실천에 옮길 만한 적용들을 많이 다루었다.

교회의 회원들은 예배와 예배 사이에 종종 교리들과 적용점들을 복습하고 토론하곤 했으며, 주중에는 가정 예배를 통해 가족이나 친구들끼리 하나님의 거룩한 일에 관해 대화하였다. 그들은 이것을 "거룩한 의논(또는 대화)"이라고 불렀다.

리처드 십스는 이렇게 말한다. "여기에 거룩한 의논과 좋은 대화의 유익이 있습니다. 그것은 한 가지 사실에서 다른 사실을, 그리고 거기서 또 다른 요점을 끌어내며, 결국 하늘의 것들을 고찰하고 묵상함으로써 우리의 영혼이 따뜻해지고 불타오르게 만듭니다."[3]

청교도들은 하나님을 향한 예배를 확장시켜, 모든 것이 주 하나님 앞에서 거룩해지도록 주중에 이런 방식으로 서로를 격려하였다.

---

3) Sibbes, "Bowels Opened," in *Works*, 2:133.

30. 주의 만찬

종교개혁이 진행되는 동안 주의 만찬이라는 성례는 격렬한 논쟁거리가 되었다. 로마 가톨릭교회는 떡과 포도주의 본질이 문자 그대로 그리스도의 몸과 피로 변한다고 주장했다(성변화설 또는 화체설). 루터파 그리스도인들은 이런 교리를 배격했으나, 여전히 그리스도가 신체적으로 성찬의 요소 안에, 또는 성찬과 함께 임재한다고 가르쳤다. 루터는, 떡은 여전히 떡으로 남아 있지만 그리스도께서 그 "떡 안에, 떡과 함께, 떡 아래에" 신체적으로 임재한다고 말했다(공재설). 반면 울리히 츠빙글리와 몇몇 다른 이들은, 성찬은 그저 그리스도가 하신 일을 기념 또는 기억하는 것일 뿐이라고 말했다. 심지어 어떤 이들은 이런 물리적 의식들이 영성에서 전혀 중요하지 않다고 말하기도 했다.

한편 칼빈의 신학을 따르는 개혁주의 그리스도인들은, 주의 만찬을 통해 그리스도가 신자들에게 영적으로 임재하시며, 신자들이 믿음을 통해 그리스도를 '영원한 생명의 참된 양식과 음료'로서 받을 수 있다고 믿었다.

개혁주의 교회의 예전에 따르면, 신자들은 '하나님 아버지의 우편에서 우리를 중보하시는 그리스도 예수가 계신 하늘로 우리 마음을 끌어 올림'으로써 그리스도를 받으며, 따라서 우리는 '외적인 떡과 포도주에 주목'해서는 안 된다. 그리스도 예수는 자기 백성들을 만나기 위해 스스로를 낮추사 그들의 오감의 수준(그들은 선포된 하나님의 말씀을 듣고, 떡과 포도주를 보고, 만지고, 냄새를 맡고, 맛을 본다)으로 내려오신다. 그리고 신자들이 믿음으로 그분 안에 거할 때에 그들이 하늘에서 자신과 함께 앉아 먹고 마시며 교제하도록 그들의 마음을 고양시키신다.

청교도들은 거룩한 성찬에 대한 종교개혁자들의 견해를 견지했으며, 성찬이야말로 부활하여 승천하신 그리스도를 풍성히 만나는 기회라고 보았다. 이에 대해 차녹은 이렇게 말한다. "여기 이 행위는 다른 어떠한 종교적 행위보다 더욱 친밀히 하나님과 교제하게 합니다……우리가 그분의 식탁에 앉아 같은 떡과 잔을 먹고 마시는 것이야말로 그분과 더욱 친밀히 교제하는 지름길입니다."[1]

청교도들은 성찬을 주 예수 그리스도의 식탁에 둘러앉아 그분과 함께 식사하는 것이요, 어린양의 혼인 잔치를 미리 맛보는 것으로 거행했다(계 19:9 참고).

성찬의 요소들

청교도들은, 비록 주의 만찬이 그리스도와 함께하는 영적 잔치이지만, 우리가 만지고 맛볼 수 있는 물리적 요소들로 구성되어 있다는 점을 인식했다. 우리는 영혼만으로 되어 있지 않고 감각을 가진 피조물이다. 그러하기에 하나님은 떡과 포도주를 주셔서, 자신의 말씀의 보이지 않는 것들을 우리가 볼 수 있도록 표현해 주셨다.

---

1) Charnock, *A Discourse of the End of the Lord's Supper*, in *Works*, 4:407.

그러나 가시적인 것이 영적인 것을 방해해서는 절대 안 된다. 그래서 청교도들은 성찬에서 인간이 더한 것들을 제거했다. 또한 우리가 그리스도께 집중할 수 있도록 근본적으로 성경이 가르치는 형식을 회복했다. 신자들은 떡을 먹고 포도주를 마시듯이, 그리스도와 교제할 때에 믿음으로 그리스도와 그분의 은혜를 받는다.

교회들은 제각각 여러 방식으로 성찬을 기념하였다. 그래서 청교도들은 성찬을 올바로 집례하고 합당하게 받는 방식을 논의했다. 대부분의 경우 성찬 참여자들이 한 성찬상에 앉는 것을 중요하게 여겼다. 그 방식이 본래 성찬이 제정될 때 행해진 것과 가장 비슷하기 때문이다. 몇몇 경우에는 회중석에 앉아 있는 사람들에게 떡과 포도주를 전달하였다. 또한 일부 청교도 교회들은 매주 성찬을 거행했지만, 대부분의 교회는 두세 달에 한 번씩 거행했다.

영적 참여와 주의 만찬에 참여하는 자

청교도들에게 더 중요한 것은 성찬에 참여하는 영적 방식이었다. 어떤 청교도들은 성찬을 회심을 위한 성례로 간주했고, 성찬에 참여하면서 구원을 진지하게 추구하라고 권면했다. 그러나 대부분의 청교도들은 기독교의 기본 진리들을 알고 그리스도를 믿는 사람들, 즉 구원 얻는 믿음을 고백하는 사람들만 성찬에 참여해야 한다고 믿었다.

다만 청교도들 중 어느 누구도, 성찬에 참여하려면 은혜와 구원을 완전히 확신해야 한다고 가르치지 않았다. 연약하고 의심하는 그리스도인들에게도 성찬에 '참여하라'고 요구했다. 토마스 왓슨이 말한 대로, "믿음이 약한 자는 강하신 그리스도를 붙들고 의지해야 한다."[2] 다시 말해, 성찬의 주요 목적 중 하나는, 신

---

2) Thomas Watson, *The Lord's Supper* (Edinburgh: Banner of Truth, 2004), 73.

자들이 떡과 포도주를 먹고 마시면서 그리스도를 기억하고 약한 믿음을 강하게 하는 것이다.

성찬에 대한 준비, 참여, 숙고

성찬은 거룩하신 하나님과 영적으로 교제하는 시간이다. 그래서 청교도들은 성찬을 단순히 정해진 관례로 행하지 말고, 생각하고 느끼라고 요구했다. 즉, 그리스도의 죽으심을 묵상하며, 자신이 어떤 모습으로 그리스도를 믿고 사랑하고 그분의 계명에 순종하는지를 점검함으로써 성찬을 준비해야 했다.

떡을 떼어 먹고 잔을 마시는 것은 십자가에서 완성된 그리스도의 사역을 믿는 능동적 신앙 행위와 관계된다. 존 오웬은 이렇게 말한다.

> 주의 만찬에서 우리는……십자가에 달리신 그리스도를 힘써 바라보아야 합니다. 다시 말해, 우리의 죄악을 친히 짊어지고 저주의 나무에 달리신 그리스도를 바라보아야 합니다……그러므로 하나님께서 성찬이라는 이 규례를 통하여 십자가에 달리신 그리스도를 우리의 영혼에 확연히 보여 주신다면 얼마나 좋을까요![3]

성찬에 참여하는 자는 이 예식을 통해 용서와 위로와 성화를 위한 자신의 영적 필요에 그리스도의 보혈을 적용해야 한다.

그리고 예배가 끝나면, 신자는 그리스도가 어떻게 우리를 만나 주셨는지를 돌아보고, 받은 은혜를 소중히 여겨야 한다. 또한 온전히 그리스도를 위하여 살고자 주님의 능력을 의지하면서 세상으로 나아가야 한다.

---

3) Owen, "Sacramental Discourses," in *Works*, 9:582.

거룩한 잔치로서의 주의 만찬

청교도들은 성찬을 거룩한 잔치라고 불렀다. 이것은 (고린도전서 11장 24절에서 "이것을 행하여 나를 기념하라"라고 하신 예수님의 말씀대로) 기념하는 잔치이며, (우리의 약한 믿음을) 강하게 하는 잔치이고, (하나님과 그분의 백성이 서로에게) 언약하는 잔치이며, (신자들이 "우리가 사랑함은 그가 먼저 우리를 사랑하셨음이라"[요일 4:19]라고 고백하는) 사랑의 잔치이고, (성찬에 참여함으로써 전체 교회 앞에서 그리스도가 우리 구원을 위한 유일한 소망임을) 증언하는 잔치이다. 그 중심에 그리스도께서 계실 때, 성찬은 얼마나 놀라운 잔치인가!

그러나 청교도들은 하나님의 말씀을 설교하는 것보다 성찬을 더 우위에 두는 것을 경계했다. 물론 청교도들은 때때로 이 성찬의 교제를 통해 그리스도가 특별히 소중해진다는 것을 인정했다. 그러나 그들이 말하는 '성례적 확신'은 하나님의 말씀과 분리될 수도 없고, 말씀보다 높은 자리에 있을 수도 없다.

로버트 브루스(Robert Bruce)는 이것을 가장 잘 표현한다. 곧 우리가 성찬을 통해 만나는 그리스도와 하나님의 말씀 안에서 만나는 그리스도는 다르지 않다. 설령 우리가 "성찬을 통해 그리스도와 더 가까이 교제"할지라도 그러하다. 성찬은 결코 말씀을 대체할 수 없으며, 도리어 말씀을 보충한다. 따라서 말씀 설교 없이 독립적으로 성찬을 거행할 수는 없다.

성찬을 통해 부가적으로 얻는 영적 유익

청교도들은 성찬을 통해 어떤 유익을 얻고자 기대했는가? 성찬은 구원을 주시는 예수 그리스도의 죽음을 믿는 그리스도인들의 믿음을 확증하고, 그들의 확신을 더욱 강하게 만든다. 그들은 믿음으로 그리스도와 연합하여 하나님의 은혜를 새로 공급받는다. 그리스도는 이 은혜 가운데 그들을 새롭게 하고, 그들의 삶을 더욱 강력하게 다스리신다. 성찬의 교제는 그들의 지성을 새롭게 할 뿐만 아니라, 그들의 정서를 감동하여 그리스도를 사랑하고 죄를 미워하며 하나님의 자비에 감사하고 그분의 뜻을 더욱 열심히 따르게 만든다.

이 거룩한 식탁에 참여하는 것은 참된 그리스도의 교회를 구별 짓는 독특한 표지이다. 그것은 신자들을 하나로 묶는다. 그들이 그리스도와 연합되었다는 표식으로 하나의 떡을 함께 나누어 먹기 때문이다. 또한 이 예식은 회중 가운데 있는 불신자들에게 그리스도와 그분이 십자가에 못 박히신 것이 그리스도인의 삶에서 얼마나 중요한 중심이 되는지를 보여 줌으로써, 온 세상에 그리스도를 선포한다. 여러 면에서 성찬은 그리스도를 드러내고 그분이 자기 교회에 계속 거하신다는 것을 나타냄으로써 그리스도를 영화롭게 한다.

31. 교회의 직무와 정치

　오늘날 사람들은 대부분 자신이 다니는 교회가 어떻게 다스려지는지, 성경이 이 문제에 관해 뭐라고 말하는지에 별로 관심이 없다. 그러나 16세기나 17세기에는 그렇지 않았다. 로마 가톨릭교회는 그리스도의 지상 '대리자' 또는 대표자로 행세하는 교황의 통치 아래, 오랫동안 이 땅에서 강력한 권세를 누렸다. 그리고 이러한 교황의 권위는 추기경, 대주교, 주교, 참사위원(canons), 총대리(archdeacons) 등 다양한 부류의 '고위 성직자' 계급으로 확대되었다. 그러다가 1534년에 헨리 8세가 영국 국교회를 로마 가톨릭으로부터 독립시키자, 교회 안의 권위는 잉글랜드의 군주 및 대주교와 주교들에게로 넘어왔다. 그리하여 교회는 지상의 '군주들'에게서 지배를 받았다. 그들은 자기의 교리와 실천과 정책을 따르지 않는 자들을 주저없이 박해하고 강압적인 힘을 행사했다.

교회 직무

일부 청교도들은 주교들이 교회를 관할하는 정치 형태(감독 정치)를 인정했다. 그러나 대부분의 청교도들은, 신약성경에서 '주교' 또는 '감독자'라고 번역된 단어가 독특하고도 구별된 권세를 가진 직무를 가리키는 것이 아니라 장로를 지칭하는 또 다른 표현임을 올바로 인식했다(행 20:17,28; 딛 1:5,7 참고). 감독이나 교황을 장로 위에 두는 것은, 교회에서 특별한 권위와 무오성을 가진 '특수한 사역자'인 사도들의 직무를 무단으로 침범하는 행위이다. 그리고 더욱 중요하게는, 홀로 교회의 왕이요 머리가 되시는 주 예수 그리스도의 권위를 침범하는 것이다. 오직 그리스도만이 인간의 양심을 다스리고, 그들에게 믿음과 예배를 요구할 권리를 지니신다.

청교도들은 일반적으로 교회에 두 가지 또는 네 가지 기본적인 권위의 직무가 있다고 해석하였다. 칼빈과 같이 네 가지 직무를 옹호하는 이들은, 목사와 교사를 언급하는 에베소서 4장 11절에 근거하여 세미너리나 신학교의 박사나 교사(신학 교수)를 지역 교회의 말씀 사역자와 구분하고, 여기에 장로와 집사를 추가했다. 세 직무설은 대다수의 견해인데, 가르치는 직무와 목양하는 직무를 합친 말씀 사역자에 장로와 집사를 추가하거나, 가르치는 직무를 분리하여 목사를 특별히 설교하도록 부르심 받은 장로로 간주했다.

청교도들 가운데 소수는 빌립보서 1장 1절과 디모데전서 3장 1-13절에 근거하여, 오직 장로와 집사라는 두 가지 직무만을 인정했고, 장로가 다양한 과업들을 맡는다고 보았다. 로렌스 채더턴은, 어떤 장로들이 말씀 사역에 헌신한다고 말했다(딤전 5:17 참고). 이 사역자들 중 일부는 주로 사람들을 교훈하여 거룩함으로 이끌고 성례를 집례하는 '목사들'이며, 또 일부는 주로 바른 교리로 사람들의 지성을 교육하는 '교사들'이다(엡 4:11 참고). 나머지 장로들은 목사 및 교사와 더불어 거친 자들을 권면하고 신실한 자들을 격려하는 사역을 하기 때문에, 비록 말씀 사역자가 아니더라도 교회의 정치와 권징에서 중대한 역할을 감당한다. 집사는 가난한 자들을 돕기 위해 여성, 특히 남편 없이 홀로 된 여인들의 도움을 받아 교회의 자비로운 선물을 나누어야 한다.[1)]

교회 정치

청교도들은 장로가 그리스도의 교회를 위한 권위를 어떻게 수행해야 하는지에 대해 서로 의견을 달리했다. 대다수의 청교도들은 대회(synods)나 장로회가 몇몇 회중들을 다스릴 권위를 가진다고 가르쳤다(장로교 정치). 그들은 사도행전 15장에서 말하는 바가 많은 교회들을 치리하는 장로회 대회의 권위라고 주장했다. 또한 그들은 다스리는 대회가 아니고서는 오류에 빠지거나 교회원들을 압제하는 개별 교회를 바로잡을 다른 방법이 없다고 말했다. 대회는 기독교 신앙을 공통으로 고백하는 가시적 교회를 대표한다. 장로교 청교도들은 교회를 지역 교회를 초월하는 정치 체제와 법령을 가진 가시적 왕국으로 보았다.

사무엘 루터포드(Samuel Rutherford, 1600-1661)는 다음과 같이 말했다. "그리스도는……이런 의미에서 교회의 가시적 머리이시다. 이를 통해 그리스도는 통치하고 다스리며, 심지어 자기 교회의 외적이고도 가시적인 정책을 통해 다스리고, 그의 직무자들과 합법적인 대회와 (그리고) 법령들을 통해 모든 보편적인 (우주적인) 가시적 교회를 다스리신다."[2)]

독립파라 불린 소수의 청교도들은 회원들이 동의하여 선출한 장로들에게서 지도를 받는 지역 교회보다 더 높은 교회의 권위가 없다고 가르쳤다(회중 정치). 이 견해에 따르면, 교회들은 다른 교회들과 교제할 수 있으며, 여러 교회의 장

---

1) Laurence Chaderton, *A Fruitfull Sermon, Vpon the 3. 4. 5. 6. 7. & 8. verses of the 12. Chapter of the Epistle of S. Paul to the Romanes* (London: Robert Walde-graue, 1584), 57,61,65-70.

2) Samuel Rutherford, *The Divine Right of Church-Government and Excommunication* (London: by John Field for Christopher Meredith, 1646), 18.

로들이 함께 대회로 모일 수도 있다. 그러나 대회는 직무자들의 임직이나 범죄한 회원의 출교처럼 중요한 사안들에 관하여 개별 교회에 구속력을 행사할 수 없다. 회중파 청교도들은, 교회란 신자들이 자발적으로 연합한 모임이며, 장로가 회원들의 일반적인 동의를 통해 선출된다는 점을 강조했다.

오웬은, 비록 장로가 그리스도에게서 직접 권위를 받고 그분의 말씀을 지침으로 삼아 지도하지만, '복음의 법칙'이 가지는 본질상 (장로에 대한) 교회의 "순종은 자발적이며 선택적인 것"이라고 말했다.[3] 이런 특징 때문에 교회는 정치적 왕국과는 사뭇 다른 것이다.

장로파와 회중파 청교도들의 주장은 교회 안의 빗나간 극단적 민주주의(대중적인 선거에 의한 통치)와 그릇된 귀족주의(소수의 엘리트에 의한 통치) 모두를 피하게 했다. 교회 정치에 대한 청교도의 접근 방식은 매사추세츠 북미 식민 지역에서 훗날 대의 민주주의의 토대가 된 공화정이라는 개념으로 발전했다.

---

3) Owen, *A Brief Instruction in the Worship of God and Discipline of the Churches of the New Testament*, in *Works*, 15:501.

32. 주의 날

주의 날은 청교도 예배의 심장이었다. 십계명은 주의 날 이외에 다른 날의 예배를 특별하게 제정하지 않는다(출 20:8-11 참고). 4계명에서 진술하듯이, 하나님은 이스라엘 백성들에게 율법을 주기 훨씬 전에 안식일을 제정하셨다. 윌리엄 가우지(William Gouge, 1575-1653)는 안식일이 하나님의 도덕법의 일부이며, "모든 사람과 모든 장소와 모든 시간을" 묶는 "삶의 법칙"이라고 말했다. 왜냐하면 아담이 유대인과 이방인과 모든 민족의 조상으로서 하나님 앞에서 모든 인류를 대표할 때에, 하나님께서 이날을 피조 세계에서 안식하는 거룩한 날로 구별하셨기 때문이다(창 2:2,3 참고).[1]

확실히 유대인의 안식일에는 법적인 특성이 있다. 그러나 이런 특성은 그리스도가 구속 사역을 마치신 후에 사라졌다. 청교도들은 그리스도가 안식일의

---

1) William Gouge, *The Sabbaths Sanctification* (London: by G. M. for Joshua Kirton and Thomas Warren, 1641), 1.

주인 되신다는 사실(막 2:28 참고), 한 주의 첫날을 예배의 날로 지키는 교회(행 20:7; 고전 16:2 참고), "주의 날"이라고 명백히 언급하는 말씀(계 1:10 참고)에 근거하여, 한 주의 첫날을 하나님을 예배하는 날로 온전히 구별하는 것이 하나님의 변치 않는 도덕법의 일부이며, 이날이 그리스도인의 안식일로 계속된다고 확신하였다.

청교도들의 전형적인 분석에 따르면, 주의 날에 속하는 의무들은 명령된 활동들, 허용된 활동들, 금지된 활동들로 구분할 수 있다. 하나님은 이날에 하나님을 예배하고 경건한 일을 행하며(눅 4:16 참고) 자비를 베풀라고(막 3:4 참고) 명령하셨다.

공적 예배

물론 안식일에 행하는 경건은 교회가 공적 예배로 함께 모이는 것을 중심으로 이루어졌다. 청교도들은 교회에 갈 때의 옷차림을 신중히 생각했다. 그것은 그들의 육신의 옷이 아니라 예배 장소에 도착하기 전에 영적으로 준비하는 영혼의 옷차림에 관한 것이었다.

모든 설교는 회중을 천국 아니면 지옥으로 가까이 이끌었다. 청교도 목사들은 회중에게 설교를 "어떻게 들을까 스스로 삼가는"(눅 8:18 참고) 방법을 가르쳤다.

주님의 안식일로서의 온전한 하루

안식일의 거룩함은 교회의 예배에서 멈추지 않는다. 조지 스윈녹은 이렇게 말했다. "독자들이여, 그대의 의무는 이날에 하루 종일 온전히 악과 세속적인 일에서 떠나 안식하는 것입니다. 그러므로 이날을 기도하거나 성경을 읽거나 말씀을 듣거나 찬양하거나 묵상하면서, 또는 하나님의 놀라운 사역이나 그분의 말씀에 관해 서로 이야기 나누면서 하나님을 예배하는 일로 사용하십시오."[2]

이와 관련하여, 청교도들은 '안식일의 노래'라는 제목이 달린 시편 92편을 노래했다. 이 시편은 아침이면 선하신 주님의 사랑을 선포하고 저녁이면 그분의 신실하심을 선포하라고 촉구한다(시 92:2 참고). 청교도들은 창조 사역이나 구속 사역에서 주 여호와 하나님이 행하신 영광스러운 일들을 통해 묵상하고 경배해야 할 주제를 풍성히 공급받았다.

자비의 사역에는 질병이나 결핍이나 낙담이나 의심이나 죄로 인해 고통당하는 이들을 방문하여, 그들의 몸과 영혼의 필요를 채워 줄 수 있도록 실질적인 도움을 주는 일이 포함되었다. 이런 사역들 자체가 거룩한 것은 아니지만, 자비롭고 인자하신 하나님은 연약한 우리 자신과 우리 가족들의 필요를 채우고 적절히 치료하기 위해 요구되는 사역을 허용하셨다.

하나님께서 안식일에 금하신 활동들로는, 우리가 일상에서 직업에 따라 행하는 노동과 사고파는 상행위, 그리고 주님께 우리 마음을 두지 못하도록 방해하고 우리의 관심을 분산시키는 오락 행위가 있다. 물론 죄도 하루 종일 금지되었으며, 하나님께서 거룩하게 금하신 날에 저지르는 죄는 더욱 무겁게 여겨졌다.

주의 날의 영향

종교개혁자들과 청교도들이 주의 날과 관련해 잉글랜드 국가에(그리고 훗날 미합중국에 이르기까지) 끼친 영향은 놀라울 따름이다. 안식일을 지키는 일이 영국의 문화에 깊이 배어들었는데, 청교도주의 운동을 배격했던 사람들조차 그러했다. 19세기 전반에 걸쳐, 그리고 20세기까지 일주일의 첫날에는 일반적으

2) Swinnock, *The Christian Man's Calling*, in *Works*, 1:245.

로 사업장들이 문을 닫았고, 단체 스포츠 경기들을 중단했으며, 사람들이 안식하고 예배하였다.

물론 안식일을 지키는 것은 하나님의 계명에서 정하는 명령이었다. 그러나 청교도들은 그것을 의무를 넘어서는 기쁨으로, 강제가 아니라 기회로 여겼다. 토마스 왓슨이 잘 말하였듯이, 청교도들은 주의 날을 "영혼의 장날," 곧 다가오는 한 주를 살아가기 위해 영혼을 맛 좋고 영양가 넘치는 음식으로 채우는 날로 여겼다.[3)]

역사적으로 볼 때, 주의 날은 그리스도가 부활하신 날이며, 이후 오순절에 성령이 강림하신 복된 사건을 기념하는 날이다. 또한 그날은 주께서 거룩한 성전, 즉 살아 있는 교회에 임재하시는 날이며, 영광의 날이요 축제의 날이고, 하늘의 안식을 미리 맛보는 날이다. "안식일을 일컬어 즐거운 날이라"(사 58:13) 하라는 말씀이 무엇을 의미하는지에 관해, 청교도들은 참으로 많은 것들을 가르쳐 준다.[4)]

---

3) Watson, *A Body of Practical Divinity*, in *Works*, 278.

4) 안식일에 관한 청교도 고전으로는 다음을 참고하라. Nicholas Bound (d. 1613), *The True Doctrine of the Sabbath* (repr., Grand Rapids: Reformation Heritage Books, 2016).

33. 설교

청교도 운동의 시대는 설교의 황금기라고 불렸다. 청교도들은 강단에서 설교하고 설교문을 책으로 출판하여 교회와 사람들의 일상을 개혁했다. 몇몇을 제외하고는, 청교도 목사들은 성경에 제시된 하나님의 전체 경륜을 사모하면서 열정적으로 선포하는 위대한 설교자들이었다. 교회 역사상 어떤 설교자 그룹도 청교도들의 설교에 견줄 수 없었다. 그들의 설교는 성경적이고 교리적이며, 체험적이고 실제적이었다.

본 장에서는 청교도의 설교와 관련하여 네 가지 주제, 즉 설교의 수위성(primacy, 首位性)에 관한 청교도들의 견해, 설교에 대한 그들의 열정, 설교의 능력, 그리고 청교도 설교의 단순성을 살펴볼 것이다.

설교의 수위성

청교도들은, 하나님께서 근본적으로 설교라는 방편을 사용하여 자기 교회를 세우신다고 굳게 확신했다.

우선 무엇보다도, 청교도들은 설교의 본질이 사람을 향해 하나님의 말씀을 선포하는 것이라고 믿었으며, 따라서 설교를 그들의 예배와 경건의 중심에 두었다. 청교도들은 그저 사람에 불과한 존재가 전능하신 삼위일체 하나님의 입술이요 대사(ambassador)가 될 수 있다는 사실을 두려워했다.

둘째, 청교도들은 설교를 회심을 위한 하나님의 위대한 포고령(ordinance)으로 여겼다. 설교는 하나님께서 죄인을 구원하시는 방편이었다. 말씀이 전파(설교)되자 사람들이 그 말씀을 믿었다(고전 15:11 참고).

셋째, 청교도들은 설교가 성령의 선물이며, 설교하라고 부르신 것은 승천하신 그리스도가 교회에 주신 가장 큰 선물이라고 확신했다. 리처드 십스는 설교를 가리켜 "모든 은사 중의 은사"라고 불렀다.[1] 그래서 청교도들은 교회당 중심부에 제단 대신 설교단을 두었고, 예배의 중심에 성례 대신 설교를 두었다. 이런 관점은 각각의 설교를 중요한 기회로 만들었다.

설교에 대한 열정

청교도들은 성령의 역사하심에서 비롯된 내적 열정에 이끌려 설교했다. 그들은 그리스도의 복음을 선포하는 일에 관한 한 모든 것을 사랑했다. 청교도 목사들은 설교 준비하는 일을 사랑했다. 청교도들은 성경의 본문을 회중에게 어떻게 적용할 것인지를 염두에 두고, 그 의미를 찾기 위해 많은 시간을 들여 연구했다.

설교 준비를 마친 청교도 설교자들은, 무엇보다도 먼저 그들 자신에게 설교하기를 사랑했다. 그들은 차가운 직업주의를 경멸했다. 청교도들은, 설교자가

---

1) Sibbes, "The Fountain Opened," in *Works*, 5:509.

먼저 자신의 마음에 설교하는 것을 최고의 설교로 여겼다.

다음으로, 청교도들은 회중에게 설교하는 일을 사랑했다. 사무엘 루터포드는 자신에게 그리스도 외에 "단 하나의 기쁨"이 있다고 했는데, 바로 "그리스도를 설교하는 일"이었다.[2]

더 나아가, 청교도들은 그들의 설교를 듣는 회중을 사랑했다. 그들은 회중을 회심시키고 훈육하기 위해 쉬지 않고 노력했다. 청교도 설교자들은, 목사에게 아무리 대단한 설교의 은사가 있어도 회중을 사랑하지 못하면 그들의 부르심에 비참하게 실패한 것이라고 생각했다.

설교의 능력

청교도들은, 하나님께서 그들의 신실한 설교를 무기로 삼아 죄인들을 굴복시키고 성도들을 자라게 하실 것이라고 굳게 믿었다. 그들의 설교는 회중의 지성에 명료하게 전달되었다. 청교도들은 성령께서 중생의 씨앗을 지식이라는 토양(밭)에 심으신다고 믿었다. 그래서 그들은 회중의 마음에 성경의 지식을 전했고, 성경의 논리로 그들의 지성을 설득했다. 청교도들은, 지성 없는 기독교가 금세 무너지고 말 것임을 알았다. 또한 반지성적인 복음이 '반드시 필요한 것'을 채워 주지 못한 채 공허하고도 형체 없는 복음이 되고 말 것임을 알았다.

청교도의 설교는 양심을 신랄하게 공격했다. 설교자들은 특정한 죄들을 지적하고 그들의 양심에 여러 질문들을 던져 그 죄책을 몰아붙임으로써, 그리스도를 피난처로 삼아 그분께로 피하도록 만들었다. 그들은 숨어 있던 아담이 벌거벗은 채로 하나님 앞에 다시 설 때까지, 목사들이 하나님의 진리라는 막대기로 죄인이 숨어 있는 모든 수풀을 샅샅이 뒤져야 한다고 믿었다.

---

2) *Letters of Samuel Rutherford*, ed. Andrew Bonar (London: Oliphants, [1904]), 420,438 [letters of July 7 and 13, 1637].

또한 청교도의 설교는 회중의 마음을 열정적으로 자극했다. 그들의 설교는 애정이 넘쳤고, 열정적이었으며, 긍정적이었다. 이런 설교 가운데, 그들은 하나님 말씀의 전체 경륜으로 인간의 전인격에 강력한 영향을 끼쳤다. 청교도들은 하나님의 말씀을 사모하고 하나님의 영광을 사랑하는 마음으로, 그리고 영혼을 향한 식지 않는 사랑으로 설교했다. 그들은 회중들이 그리스도를 더 잘 알기를 열망하며 전적으로 그분을 위해 살도록, 그들에게 아름답고도 미쁘신 그리스도를 제시했다.

설교의 단순성

청교도들은 설교가 단순해야 한다고 믿었다. 이런 단순성은 반지성주의와 같은 말이 아니다. 그것은 지성과 마음을 향해, 그리고 직접적인 행동을 낳는 의지를 향해 성경의 진리를 단순하고도 명료하게 전달하는 것이다. 헨리 스미스는 "단순하게 설교하는 것은 무식하거나 혼란스럽게 설교하는 것이 아니라, 가장 단순한 사람조차 자기 이름을 듣는 것처럼 이해할 수 있도록 명료하고도 분명하게(명백하게) 설교하는 것"이라고 말했다.[3]

청교도 설교의 첫 번째 부분은 주해와 강해로, 설교의 본문을 설명한다. 두 번째 부분은 교리와 교훈으로, 일반적으로 본문에서 이끌어 낸 하나의 주요 교리를 상세히 설명한다. 그리고 세 번째 부분은 적용으로, 경험적 설교와 분별적 설교를 강조한다.

청교도들은 설교에서 적용 부분을 가장 중요하게 여겼다. 제임스 더럼(James Durham, 1622-1658)은 적용 부분을 "설교의 생명"이라고 말했다. "따라서 설교란 설득이고 증언이며 탄원이요 간청이며, 또는 강권이요 권면이다."[4] 청교도

---

3) Henry Smith, *Works of Henry Smith*, 2 vols. (Stoke-on-Trent, U. K.: Tentmaker Publications, 2002), 1:337.
4) James Durham, *A Commentary upon the Book of the Revelation* (Amsterdam: John Frederickszoon Stam,

들은 이 부분을 종종 본문의 '용법'이라고 불렀으며, 목사는 여기에 상당히 긴 시간을 할애하여 다양한 회중에게 성경을 적용했다. 그리고 그 목표는 언제나 하나님 말씀의 핵심을 전하는 것이었다. 또는 백스터가 말하듯이, "회중의 마음에 진리의 못을 박고, 그들의 정서에 그리스도가 역사하시게 하는 것"이었다.[5]

청교도의 설교는 경험적이며 실제적이었다. 경험적 설교는 하나님 말씀의 진리를 경험을 통해 깨달아야 한다는 점을 강조한다. 곧 성경의 진리를 설명함으로써, 문제를 어떻게 해결해야 하며 그리스도인으로서 어떻게 살아야 하는지를 가르친다. 경험적 설교는 신자의 가족과 교회, 그를 둘러싼 세상과의 관계뿐만 아니라 하나님과 동행하는 신자의 모든 경험에 하나님의 진리를 적용하는 것을 목표로 삼는다. 우리는 청교도에게서 이런 종류의 설교에 관해 많이 배울 수 있다.

이런 적용은 반드시 대상이 되는 사람들을 명확히 규정해야 한다. 그렇지 않으면 영적 유익보다 해악이 더 커질 수 있기 때문이다. 따라서 청교도 설교는 비그리스도인과 그리스도인을 분별하거나 구분하여 진리를 적용하는 특징을 가진다. 청교도 설교자들은 은혜의 특징들을 확인하여 교회를 세상과 구별하고, 참된 신자를 신앙을 공언할 뿐인 가짜 신자와 구별하며, 구원 얻는 믿음을 일시적인 믿음과 구별하기 위해 상당히 노력하였다.[6]

토마스 셰퍼드(Thomas Shepard, 『열 처녀』[The Ten Virgins]), 매튜 미드(Matthew Mead, 『유사 그리스도인』[The Almost Christian Discovered, 지평서원 역간]), 조나단 에드워즈(『신앙과 정서』)를 비롯하여 여러 청교도들은, 참된 신자들로부터 가짜

1660), 260-266.

5) Richard Baxter, *The Reformed Pastor*, in *The Practical Works of Richard Baxter*, 4 vols. (London: George Virtue, 1838), 4:370.

6) Thomas Watson, *The Godly Man's Picture* (Edinburgh: Banner of Truth, 1992), 20-188. 이 책은 자기 점검을 위한 24개의 은혜의 표지를 제시한다.

를 판별하기 위해 12권이 넘는 작품들을 저술했다.[7]

청교도들은 설교의 적용을 통해 개혁과 변화를 이끌어 내고자 했다. 청교도들은, 하나님의 말씀이 경험적으로 선포될 때에 성령께서 그 설교를 사용하여 개인과 나라를 변화시키신다고 가르쳤다.[8] 존 스필먼(John Spilman)은 청교도의 경험적 설교에 나타나는 변화시키는 능력의 한 실례를 이렇게 전한다.

한때 나는 육적인 상태에 머물러 있었습니다. 그리스도의 목사들을 가볍게 여겼습니다. 특히 길게 설교하는 목사들을 참을 수 없어 했습니다. 그런데 드디어 한 설교자가 나를 사로잡았습니다. 그는 히브리서 8장 8절과 10절을 중심으로, 그리스도 안에 있는 새언약에 대해 설교했습니다. 이 설교는 나를 사로잡아 내 마음 깊은 곳에 적용되었고, 심장을 고동치게 했습니다.[9]

청교도 설교자와 그의 설교

청교도들은 설교자들이 오직 하나님의 영광을 위하여 회중을 변화시킨다는 목표를 추구하면서, 여호와 하나님을 두려워하는 마음으로 행해야 한다고 촉구했다. 설교자는 겸손하게 행하며, 자신의 능력을 과시하지 않고, 어느 누구도 그리스도 앞으로 데려갈 수 없는 자신의 무능력을 날카롭게 인식해야 한다. 청교도들은, 하나님께서 원하는 이에게 중생의 사역을 베푸시도록, 설교자와 회중 모두가 함께 성령의 역사하심을 의존해야 한다고 확신했다.

---

7) Thomas Shepard, *The Parable of the Ten Virgins* (Ligonier, Pa.: Soli Deo Gloria, 1990); Matthew Mead, *The Almost Christian Discovered; Or the False Professor Tried and Cast* (Ligonier, Pa.: Soli Deo Gloria, 1988); Jonathan Edwards, *Religious Affections* (New Haven, Conn.: Yale University Press, 1959).

8) 다음을 참고하라. Tae-Hyeun Park, *The Sacred Rhetoric of the Holy Spirit: A Study of Puritan Preaching in Pneumatological Perspective.* (Proefschrift: Theologische Universiteit Apeldoorn, 2005), 373,374.

9) John Spilman, *A Tabernacle for the Sun*, 4, quoted in Owen C. Watkins, *The Puritan Experience: Studies in Spiritual Autobiography* (New York: Schocken, 1972), 58.

그러므로 목사들은 기도해야 한다. 그들 자신을 위해 기도하고, 회중을 위해 기도하며, 교회와 하나님의 영광을 위해 기도해야 한다. 그러하기에 청교도들은 설교자 자신이나 설교 자체를 의지하지 않고, 오직 이 땅에서 하나님의 뜻을 전파하기 위해 하나님의 말씀을 신실하게 선포하는 일을 사용하시는 주님만을 신뢰하였다.

34. 설교 듣기

청교도들은 설교를 어떻게 들어야 하는가에 관해 실제적인 지침을 제공했다.[1] 웨스트민스터 대요리문답(160문)은 그 지침을 다음과 같이 요약한다.

설교를 듣는 사람들에게는 다음 사항이 요구된다. 곧 부지런한 태도와 준비된 마음과 기도로 주의해 설교를 들어야 한다. 또한 성경을 근거로 설교를 검토하여, 성경과 일치하면 믿음과 사랑과 온유함과 간절한 마음으로 하나님의 말씀으로 받아들여야 한다. 또한 그 설교를 묵상하고 함께 나누며 공부하

---

1) Samuel Annesley, "How May We Give Christ a Satisfying Account [of] Why We Attend upon the Ministry of the Word?," in *Puritan Sermons 1659-1689*, 4:173-198; David Clarkson, "Hearing the Word," in *The Works of David Clarkson*, 3 vols. (Edinburgh: Banner of Truth, 1988), 1:428-446; Watson, *A Body of Practical Divinity*, in *Works*, 359-361,377-380; Thomas Boston, *An Illustration of the Doctrines of the Christian Religion*, in *The Complete Works of the Late Rev. Thomas Boston*, ed. Samuel M'Millan, 12 vols. (Wheaton, Ill.: Richard Owen Roberts, 1980), 2:427-454.

고, 마음속에 간직하여 삶에서 열매를 맺어야 한다.[2]

이를 통해 청교도들은 다음의 세 가지 측면으로 도움을 준다.

• 설교를 듣기 위해 어떻게 준비할 것인가?
• 설교를 들을 때 어떻게 받아들일 것인가?
• 설교를 들은 후 어떻게 실천할 것인가?

설교를 듣기 위해 준비하기

① 주의 날이 시작되기 전에, 여러분이 가진 일상의 걱정과 근심을 내려놓고, "영혼의 장날"에 나타날 위대한 역사를 받아들일 준비를 해야 한다.[3] 청교도들은 토요일 저녁이면 예배를 위해 준비하기 시작해야 한다고 말했다. 사람들이 토요일 저녁에 다음 날 아침에 먹을 신선한 빵을 미리 구워 준비하듯이, 토요일 저녁에 말씀을 공부하여 마음을 갓 구운 빵처럼 신선하고 따뜻하게 만들어 주일의 예배를 준비해야 한다. 하나님의 말씀을 들으러 하나님의 집에 가기 전에, 여러분 자신과 가족을 기도로 준비시켜야 한다. 청교도들은 예배하기 위해 우리의 몸이 옷을 입을 뿐만 아니라 영혼도 기도의 옷을 입어야 한다고 말한다.

② 말씀을 원하는 왕성한 식욕을 가지고 교회에 가야 한다. 좋은 식욕은 잘 소화하고 성장하도록 돕는다. 베드로는 "갓난아기같이 순전한 젖을 사모하고 그 안에서 자라 가라"(벧전 2:2 참고)라고 말함으로써 영적 식욕을 장려했다. 청교도들은 설교를 들을 때 가장 중요한 태도로 '부지런함'을 꼽았다. 안식일은 일주일 중 가장 큰 날이며, 하나님의 말씀을 듣는 것은 이날에 누리는 가장 위

---

2) *Westminster Confession of Faith* (Glasgow: Free Presbyterian Publications, 1997), 253.
3) 다음을 보라. James T. Dennison, Jr., *The Market Day of the Soul: The Puritan Doctrine of the Sabbath in England, 1532-1700* (Morgan, Pa.: Soli Deo Gloria, 2001).

대한 특권이다. 이 일을 위하여 미리 많이 생각하고 관심을 기울여야 하며, 이 날을 가장 선하게 보내고 선포되는 말씀을 통해 가장 큰 유익을 얻기 위하여 미리 많은 일들을 처리하고, 지성과 마음을 준비시켜야 한다.

③ 하나님의 집에 들어갈 때, 설교되는 말씀의 중요성을 묵상해야 한다. 하늘과 땅의 높고도 거룩하신 하나님께서 여러분과 만나 직접 말씀하신다. 토마스 보스턴(Thomas Boston)은 다음과 같이 말했다. "울려 퍼지는 음성은 땅에 속하지만 (그러나) 말씀하시는 분은 하늘에 계신다(행 10:33 참고)."[4]

청교도들은 설교되는 복음의 말씀이 우리를 하늘로 데려가든지, 아니면 지옥으로 던지든지 할 것이라고 가르쳤다. 데이비드 클락슨(David Clarkson)은 "복음의 설교로 높아진 이들은 하늘에 가까워질 것이며, 그 말씀에 주의하지 않은 자들은 지옥에 떨어지게 될 것"이라고 말했다.[5]

④ 하나님의 집에 들어갈 때, 여러분은 전쟁터로 나아간다는 사실을 기억해야 한다. 청교도들은, 많은 적들이 여러분이 설교 듣는 일을 방해하고 대적할 것이라고 말했다. 세상의 근심이나 직업, 육체의 정욕, 냉담한 마음과 비난하는 정신으로 인해 여러분의 마음이 산만해질지도 모른다. 사탄은 강력한 힘과 권세로, 여러분이 하나님의 말씀을 듣지 못하도록 방해할 것이다.

만일 여러분이 예배하다가 사탄의 유혹을 받는다면, 사탄을 대적하라는 사무엘 아네슬리(Samuel Annesley)의 조언을 기억하라. "사탄아 물러가라! 나는 더 이상 두려워하지 않을 것이다. 다른 이들이 구원을 소홀히 여긴다고 해서 나도 그래야만 하는가? 그들이 구원을 잃어버렸으니 내가 구원을 잃어버리더라도 위로를 받을 수 있겠는가? 결코 그럴 수 없다. 그리스도를 통해 사탄을 물리칠 것이다."[6]

---

4) Boston, *An Illustration of the Doctrines of the Christian Religion*, in *Works*, 2:428.
5) Clarkson, "Hearing the Word," in *Works*, 1:430,431.

⑤ 마지막으로, 사랑과 기대하는 믿음으로 나아가야 한다(시 62:1,5 참고). 토마스 왓슨은 여러분에게 '마리아처럼 듣기는 빨리하고 말하기는 더디 하며, 하나님의 말씀을 마음에 담아 깊이 묵상하겠노라' 결심하라고 조언했다. 하나님의 말씀이 결코 헛되이 하나님께로 되돌아오지 않는다는 약속에 호소하며 나아가야 한다(사 55:10,11 참고).

설교 듣기

① 지각과 선한 양심으로 설교를 들어야 한다. 예수님의 씨 뿌리는 비유(마 13:3-23; 막 4:1-20; 눅 8:4-15 참고)는 청중들의 유형을 다음 네 가지로 제시한다. 돌밭 같은 마음을 지닌 피상적인 청중, 쉽게 감동을 받으나 말씀에 저항하는 청중, 마음이 반으로 나뉜 청중, 그리고 받아들이고 열매 맺는 청중이다. 청교도들은 여러분이 백 배, 육십 배, 삼십 배의 열매를 맺는 마지막 범주에 속해야 한다고 말한다(마 13:23 참고).

② 복종하는 믿음으로 말씀을 들어야 한다. 야고보 사도는 "마음에 심어진 말씀을 온유함으로 받으라"(약 1:21)라고 말한다. 이런 온유함은 복종하는 마음가짐, 즉 "말씀의 권면과 책망을 기꺼이 들으려는 마음"과 관련된다. 이와 같은 믿음을 통해 말씀이 영혼에 심기고, "달콤한 의의 열매"를 맺게 된다.[7] 말씀을 효과적으로 받기 위해서는 반드시 믿음이 필요하다. 토마스 맨튼은 "말씀 전체가 믿음의 대상"이라고 가르치면서, 우리에게 다음과 같은 것들이 필요하다고 말했다.

우리는 경고와 주의를 받기 위해 역사를 믿어야 합니다. 우리는 더욱 경외하

---

6) Annesley, "Ministry of the Word," in *Puritan Sermons 1659-1689*, 4:187.

7) Watson, *Body of Practical Divinity*, in *Works*, 360.

고 경배하기 위해 교리를 믿어야 합니다. 우리는 수치를 깨닫기 위해 경고를 믿어야 합니다. 우리는 복종하기 위해 교훈의 말씀을 믿어야 합니다. 우리는 위로를 얻기 위해 약속들을 믿어야 합니다. 이 모든 것들은 저마다 용법이 있습니다. 역사는 우리로 하여금 주의하고 조심하게 합니다. 교리는 우리를 깨우쳐 하나님의 본성과 뜻을 올바로 알게 합니다. 교훈의 말씀은 우리를 인도하며 통제하고, 우리로 하여금 순종하게 합니다. 약속들은 우리에게 기쁨과 위로를 줍니다. 위협과 경고는 우리로 하여금 두려움을 느껴 그리스도께로 새로이 달려가게 하며, 우리의 피난처이신 하나님을 찬양하게 하고, 의무를 열정적으로 수행하게 합니다.[8]

③ 겸손하고도 진지하게 자기를 점검하면서 말씀을 들어야 한다. 나는 과연 설교를 들으면서 하나님의 말씀의 영향 아래 두려워 떨면서 겸손히 자신을 살피는가?(사 66:2 참고) 나는 하나님의 말씀을 나의 삶에 기꺼이 적용하는가? 나는 과연 로버트 번스(Robert Burns)가 표현한 것처럼, 성령님께서 그분의 말씀을 나의 "일과 마음"에 적용하시기를 기도하는가?[9]

설교 실천하기

① 여러분이 들은 말씀을 마음에 간직하고 기도하고자 노력해야 한다. 히브리서 2장 1절은 이렇게 말한다.

"그러므로 우리는 들은 것에 더욱 유념함으로 우리가 흘러 떠내려가지 않도록 함이 마땅하니라."

토마스 왓슨은, 물이 체 사이로 빠져 흘러나가듯이 설교가 우리 마음 사이로

---

8) Thomas Manton, *The Life of Faith* (Ross-shire, Scotland: Christian Focus, 1997), 223,224.
9) Robert Burns, introduction to *The Works of Thomas Halyburton* (London: Thomas Tegg, 1835), xiv.

빠져나가지 않도록 조심해야 한다고 말했다. 또한 "우리의 기억이 율법을 두었던 법궤와 같아야 한다"라고 말했다.[10] 조셉 얼라인(Joseph Alleine)은 설교 말씀을 기억하기 위해 "무릎을 꿇고 기도하면서 설교 듣는 자리로 나아오고, 그 설교로 인해 다시 기도해야" 한다고 말했다.[11] 설교 내용을 신중히 기록하는 것도 이런 의무를 수행하는 데에 매우 큰 도움이 된다. 청교도들의 설교들 중 보존되지 않았던 것들이 훗날 그 설교를 들은 사람들의 기록을 통해 출간되기도 했다.

② 여러분이 들은 진리의 말씀에 익숙해져야 한다. 웨스트민스터 예배 모범은 부모들에게 "특별히 가족으로 하여금 자신이 들은 설교를 설명하게 함으로써 그 설교를 거듭 기억하게" 해야 한다고 조언한다.[12] 청교도들은, 예배를 마치고 집으로 돌아갈 때, 여러분이 들은 말씀을 훈육과 실천의 차원에서 사랑하는 이들에게 말해 주라고 조언한다.

③ 설교를 행동으로 옮겨야 한다. 청교도들은 목사가 "아멘" 함으로써 설교가 끝나는 것이 아니라고 가르쳤다. 오히려 그때에 설교의 마지막 부분이 시작된다. 오래전 스코틀랜드에서 전해져 오는 이야기가 있다. 남편이 집에 돌아오자 아내는 설교가 끝났느냐고 물었다. 그러자 남편은 아내에게 이렇게 대답했다. "아니, 설교는 선포되었지만 아직 행해지지 않았소."

야고보서 1장 22절은 우리에게 이렇게 말한다.

"너희는 말씀을 행하는 자가 되고 듣기만 하여 자신을 속이는 자가 되지 말라."

마음에 지식이 충만하다 하더라도, 그것이 열매 맺는 삶으로 입증되지 않으면 무슨 가치가 있겠는가?

---

10) Watson, *Body of Practical Divinity*, in *Works*, 360.

11) Joseph Alleine, *A Sure Guide to Heaven* (Edinburgh: Banner of Truth, 1999), 29.

12) *Westminster Confession of Faith*, 386.

④ 성령님을 의지해야 한다. 하나님의 말씀에 성령님의 효력 있게 하시는 복이 함께하기를 간절히 기도해야 한다(행 10:44 참고). 웨스트민스터 신학자들이 말했듯이, 성령께서 말씀을 "구원에 효력 있게" 하실 것이다(대요리문답 155문답 참고).

만일 이런 지침들을 무시한다면, 설교된 말씀은 우리를 정죄할 뿐이다. 토마스 왓슨이 말했듯이, "말씀은 이런 방식으로든 저런 방식으로든 효과를 발휘할 것이다. 만일 말씀이 당신의 마음을 더 나은 상태로 만들지 않는다면, 당신의 쇠사슬을 더욱 무겁게 만들 것이다……설교와 함께 지옥으로 떨어지는 이들은 얼마나 참혹한가."[13]

"그러므로 너희가 어떻게 들을까 스스로 삼가라"(눅 8:18).

---

13) Watson, *Body of Practical Divinity*, in *Works*, 361.

35. 목회적 상담

　청교도들은 숙련된 영혼의 의사들이었다. 그들은 성경적 상담을 '결의법(ca-suistry)'이라고 불렀다. 그들이 말하는 결의법이란, 사람들이 믿고 행하는 데에서 만나게 되는 다양한 '양심의 경우들'에 성경의 온전함을 적용하는 도덕 신학의 빛을 뜻한다. 이것은 그리스도인들이 날마다 하나님 앞에서 정직하고 겸손하며 기쁘게 살도록 훈련하는 실천신학이다. 윌리엄 퍼킨스와 그의 후계자인 윌리엄 에임스는 청교도적 결의론을 성경에 입각하여 체계적이고도 포괄적으로 발전시킨 선구자들이었다. 후대의 잉글랜드 청교도들은 그들의 어깨 위에서 자신들만의 작품을 썼고, 성경의 진리를 다양한 영혼의 상태와 분투에 적용하는 풍성한 유산을 남겼다.

　이제 청교도 상담의 배경과 균형, 수단, 강조점, 목적을 간략히 살펴보자.

배경

청교도들은 성경적 상담을 강단에서 시작하고, 주로 강단에서 수행했다. 켄 살리스(Ken Sarles)가 잘 말했듯이, "청교도 설교는 성경의 진리를 양심에 적용하는 예방적 상담의 형태를 띠었다."[1]

청교도들은 설교단의 상담을 가정으로 이어 갔다. 그들은 사람들을 개인적으로 방문하여 영혼을 상담하고 교리에 관해 묻고 답하였다. 리처드 백스터는 "매우 오랫동안 열매를 맺지 못했던 사람들이 반 시간 정도 매우 내밀한 것들을 숨김없이 말함으로써, 지난 10년 동안 공적 설교에서 얻은 것보다 양심의 뉘우침과 지식을 더 많이 얻게 되었다"라고 말했다.[2] 백스터와 그의 동역자들은 매주 이틀을 그들의 교구민들을 방문하는 데에 할애했다. 그들은 이런 심방을 통해 인내하면서 가르치고 살피고, 성경을 통해 가족들을 그리스도께로 인도하였다.

균형

청교도들은, 상담하는 사람들의 말에 귀 기울여야 한다고 강조하면서도, "지나친 호기심으로 다른 이들의 연약함을 캐내려 해서는 안 된다"고 경고했다.[3] 그렇게 하면, 어려움을 겪는 사람이 상담자를 지나치게 의존하는 경향을 띠게 된다. 현대의 많은 심리분석가들과는 달리, 청교도들은 상담이 직접적이어야 하며, 그것을 통해 신자로서 무엇을 어떻게 해야 하는지를 가르쳐야 한다고 믿었다.

---

1) Ken L. Sarles, "The English Puritans: A Historical Paradigm of Biblical Counseling," in John MacArthur, Wayne A. Mack, and the Master's College Faculty, *Introduction to Biblical Counseling: A Basic Guide to the Principles and Practice of Counseling* (Nashville, Tenn.: Thomas Nelson, 1994), 26.

2) Baxter, *The Reformed Pastor*, in *Works*, 4:443.

3) Sibbes, *The Bruised Reed and Smoking Flax*, in *Works*, 1:57.

청교도들은 매우 다양하고도 중요한 질문들에 대답하고자 결의론적 작품들을 저술하였다. 여기에는 어떻게 기도해야 하는가, 어떻게 묵상해야 하는가, 어떻게 각성되고 양심의 확신을 얻을 수 있는가, 가정에서 어떻게 행동해야 하는가, 어떠한 아버지가 되어야 하는가, 어떠한 어머니가 되어야 하는가, 어떻게 하나님을 두려워하는 자녀가 되는가, 공동체 안에서 발생하는 문제들을 어떻게 생각해야 하는가, 그리고 무언가를 결정할 때 성경의 지침을 어떻게 적용해야 하는가 하는 내용들이 담겨 있다. 청교도들은, 신뢰할 만한 목사-상담자란 잘 듣고 고통당하는 사람으로 하여금 그의 문제를 꺼내도록 격려한 후에 그에게 성경적으로, 실천적으로, 신앙적으로, 현실적으로 어떻게 살아야 하는지를 조언하는 사람이라 믿었다.

방편(수단)

청교도들에 따르면, 상담의 가장 큰 방편은 그리스도의 말씀과 성부 하나님을 향한 기도, 그리고 이 두 가지를 성령님 안에서 수행하는 것이다. 그들은 성경이 다양하게 분투하는 영혼들을 진단하고 치료하기에 충분하다고 믿었다. 죄가 인간의 가장 큰 문제이며, 그리스도가 인간에게 가장 필요한 분이시다. 존 오웬은 이렇게 말한다. "십자가에 못 박히신 그리스도를 날마다 믿는 믿음의 실행……은 일반적으로 가장 근본적인 죄 죽임의 방편이다."[4]

따라서 청교도들은 복음이라는 무기로 모든 종류의 영적 질병들에 대적하였다. 더불어 그들은 오직 하나님만이 마음을 변화시키실 수 있음을 믿고 기도하였다. 만일 성령께서 어려움 당하는 자의 지성과 의지와 정서에 성경적 상담을 적용하시지 않는다면, 그 어떤 참된 변화도 일어나지 않을 것이다. 상담이 열매

---

4) Owen, *A Treatise of the Dominion of Sin and Grace*, in *Works*, 7:527.

를 맺으려면, 가장 근본적으로 하나님과 그분의 말씀을 의존해야 한다.

강조점

청교도 상담자는 내담자의 자존감을 걱정하지 않고, 오히려 삼위일체 하나님과 그 사람의 관계를 더 걱정했다. 자존감이 삶의 특정한 국면에서 중요하지 않다는 의미가 아니다. 예를 들면, 사람은 자신의 일을 충실히 잘 수행할 수 있다는 자부심을 가져야 한다. 그러나 청교도들은 자존감에 관한 상담이 궁극적으로 삼위 하나님과 그분의 은혜를 중심으로 하지 않을 경우 심각한 결함을 가지게 된다고 말했을 것이다.

청교도들은 하나님의 은혜를 떠난 인간이 타락하고 비참하며 가치 없고 지옥에 묶인 존재라고 이해했다. 그러므로 자기 중심이 아니라 하나님 중심의 태도가 건강한 자아상의 핵심이다. 청교도들은 사람이 그리스도 안에 계신 하나님과 올바른 관계를 맺어야 자아와도 올바른 관계를 맺을 수 있다고 이해했다.

목적

청교도들은 상담을 통해 회중이 성화되고 영원한 영적 복락을 누리게 되기를 추구했다. 그들은 신속하고도 쉽게 회심하리라 기대하지 않았다. 청교도들은, 신자들을 평생 마음과 지성과 정서로 그리스도를 섬기며 하나님의 말씀 위에 서서 성령으로 충만하게 사는 사람으로 세우고자 헌신했다.

하나님의 백성들이 거룩해져서 그분의 영광을 드러내는 것이 바로 청교도들을 이끄는 핵심 동기였다. 청교도들은 하나님이 사람들 가운데 자기 왕국을 건설하시리라 굳게 확신하고 기대하면서, 하나님이 정하신 처방전들을 수단으로 사용했다.

36. 복음 전도

　청교도들이 전도라는 말을 자주 사용하지는 않았으나, 그들은 복음 전도자였다. 리처드 백스터의 『회심하지 않은 자들을 향한 초청』(*Call to the Unconverted*, 『회심』 지평서원 역간)이나 조셉 얼라인의 『회심하지 않은 자에게 보내는 경고』(*An Alarm to the Unconverted*, CH북스 역간)와 같은 작품들은 복음 전도를 다루는 선구자적인 작품들이었다. 뿐만 아니라 다른 청교도들에게도 전도는 말씀을 중심으로 하는 교회의 사명, 특히 교회 목사의 사명이었다. 그들은 '사람 낚는 어부'들이었다. 그들은 회심하지 않은 자들에게 그리스도가 필요하다는 것을 일깨우고, 그들을 믿음과 회개로 이끌며, 삶 가운데서 거룩해지도록 세우기 위해 힘을 쏟았다.

　이제 청교도의 복음 전도를 전도의 메시지와 방법, 전도자의 기질과 신실함이라는 네 가지 측면으로 살펴보도록 하자.

전도의 메시지

청교도의 복음 전도는 '철저하게 성경적'이었다. 복음 전도를 위한 청교도의 설교에는 전형적으로 5-10개의 성경 본문과 12개 정도의 부가적 본문들이 들어 있었다. 청교도들은 성경 전체를 사용하여 전인을 향해 설교했다. 청교도 목사들은 복음 전도에서 단순히 결단만을 강조하는 몇몇 본문에 기초하여 인간의 의지가 반응하도록 강요하지 않았다. 확실히 복음에 믿음으로 반응하는 의무는 중요하지만, 다른 의무들도 마찬가지로 중요하다. 복음은 그저 일시적으로 슬퍼하는 감정이 아니라 삶을 전적으로 고치는 회개를 요구한다. 청교도들은 복음을 전하기 전에 율법에 관해 설교했다. 그들은, 죄인이 율법의 요구에 직면할 때 성령께서 죄인으로 하여금 하나님 앞에서 자신이 무력하며 구원이 필요하다는 사실을 깨닫게 하시리라 믿었다. 그래서 그들은 복음을 전하기 전에 율법을 먼저 설교했다.

청교도의 복음 전도는 '매우 당연하게도 교리적'이었다. 그들은 하나님의 엄위하신 존재와 삼위일체적 인격과 영광스러운 속성들을 선포했다. 그들은 언제나, 영광스러운 세 위격으로 계시는 하나님을 강력하게 가르치는 성경을 기초로 하여 전도했다. 마찬가지로, 청교도들은 그리스도의 교리를 선포했다. 리처드 십스는 "설교란 그리스도가 이 세상으로 오르락내리락하는 병거이다"라고 말했다.[1]

청교도 전도자들은 그리스도를 반복해 전했는데, 그분의 권세와 기꺼이 감당하신 구원 사역, 그리고 잃어버린 바 된 죄인들의 유일한 구속자이신 그분의 귀중함을 중심으로 설교했다. 청교도들은 신학적 설명과 신적 위엄과 인간의 열정으로 이 일을 수행했다. 청교도 전도자들은 모든 인간을 향해 그리스도를

---

1) Sibbes, *The Fountain Opened*, in *Works*, 5:508.

온전히 설교하면서, 그분을 선지자요 제사장이요 왕으로 제시했다. 그들은 그리스도의 은덕을 그분의 인격과 분리하지도 않았고, 그리스도를 만군의 주가 아닌 그저 죄를 용서하는 구세주로서만 제시하지도 않았다.

전도의 방법

청교도들이 전도할 때 주요하게 사용한 방법이 두 가지 있다.

첫째, 분명한 설교이다. 청교도의 '단순한 설교 양식'은 평범한 청중들에게 명백(명료)하지 않은 모든 것을 피하게 했다. 윌리엄 퍼킨스는 설교란 "반드시 단순하고 명료하며 분명해야 한다……단순할수록 훨씬 더 좋은 설교이다"라고 말했다.[2] 그들이 단순한 설교 양식을 사용한 것은 뼛속까지 철저히 복음 전도를 추구했기 때문이다. 그들은 모두가 구원의 길을 알 수 있도록 모든 사람에게 다가가기를 원했다.

둘째, 문답식의 교리 교육이다. 많은 청교도들은 성경을 토대로 하는 질문과 대답을 통해 기독교의 기본 교리를 설명하는 교리문답서들을 저술하여 어린이들과 젊은이들에게 복음을 전하고자 했다. 예를 들어, 존 코튼은 자신의 교리문답서의 제목을 『갓난아이를 위한 젖』(Milk for Babes)이라고 지었다.

청교도 목사들은 교회와 그들의 교구에 속하는 가정의 다양한 수준을 고려하여 교리 교육을 실시했다. 그들은 교리 교육을 통해 성경의 근본적인 가르침들을 설명하고, 사람들에게 교리를 이해하고 자신의 영적 상태를 점검하며 그리스도께로 피하도록 권고했다. 또한 젊은이들이 성경을 기억하고, 설교와 성례를 더욱 잘 이해하며, 그로부터 유익을 얻도록 돕고자 했다. 그리고 가정 예배를 강화하고, 언약의 자녀에게 신앙고백을 준비시키며, 오류에 맞서 그들의

---

2) Perkins, *Commentary on Galatians*, in *Works*, 2:148.

신앙을 지키는 방법을 가르치고, 부모들이 자녀들을 가르칠 수 있도록 돕고자 했다.[3]

청교도들은 교리 교육을 설교의 후속 조치이자 복음을 통해 이웃과 만나는 방법으로 여겼다. 조셉 얼라인은 주일에 이어 일주일에 5일 동안 교회의 교인들에게 교리 교육을 실시했고, 거리에서 만나는 사람들에게 복음을 전한 것으로 알려졌다.[4]

청교도 목사들이 애써 행한 교리문답 교육은 큰 복을 받았다. 백스터는, 교리문답을 통해 친밀히 교육하고 훈련하는 일에 성령께서 복을 주셔서, 사역 말기에는 우스터셔(Worcestershire)의 키더민스터(Kidderminster)에서 그의 설교 사역을 통해 회심하여 믿음을 가지게 된 사람이 600명에 이르렀고, 이들 중 단 한 사람도 타락하여 세상으로 돌아가지 않았다고 말했다.

전도자의 기질

청교도 전도자들은 매우 독특한 내적 기질 또는 마음과 영혼의 틀을 가지고 있었다. 여기에 특히 주목할 만한 특징이 두 가지 있다.

첫째, 청교도들은 전도할 때 성령님을 깊이 의존하였다. 그들은 자신에게는 사람을 그리스도께로 인도하는 능력이 전혀 없으며, 회심의 깊이와 범위가 엄청나다는 것을 느꼈다. 윌리엄 거널은 목사들에게 이렇게 말했다. "하나님은 여러분에게 보내신 사람들을 회심시키는 일을 여러분에게 맡기지 않았습니다. 결코 그렇지 않습니다. 여러분의 의무는 복음을 전하는 것입니다."[5]

---

3) 다음을 참고하라. W.G.T. Shedd, *Homiletics and Pastoral Theology* (London: Banner of Truth, 1965), 356-375; J. Lewis Wilson, "Catechisms, and Their Use among the Puritans," in *One Steadfast High Intent* (London: Puritan and Reformed Studies Conference, 1966), 38-42.

4) Charles Stanford, *Joseph Alleine: His Companions and Times* (London: Jackson, Walford, and Hodder, 1861), 144-147.

5) William Gurnall, *The Christian in Complete Armour*, 2 vols. in 1 (repr., London: Banner of Truth, 1964),

청교도들은, 하나님께서 언제 어떻게 누구에게 중생과 회심의 효력을 나타내시느냐 하는 것이 전적으로 성령님의 역사하심에 달려 있으므로, 설교자와 청중이 성령의 역사만을 의지해야 한다고 확신했다. 성령께서 사람의 마음에 하나님이 임재하게 하신다. 하나님께서 죄인들로 하여금 구원을 갈망하도록 설득하고, 부패한 의지를 새롭게 하며, 돌밭 같은 마음에 성경의 진리들이 뿌리 내리게 하신다.

둘째, 청교도들은 복음을 전하는 모든 노력을 기도로 가득 채웠다. 그들은 무엇보다 '골방의 사람들'이었다. 청교도들은 복음 설교에 하나님께서 복 주시기를 간절히 탄원하며 하나님과 씨름했고, 그리하여 위대한 전도자가 될 수 있었다. 백스터는 이렇게 말한다. "기도가 설교를 비롯한 우리의 사역을 움직여야 합니다. 회중을 위해 온 마음으로 기도하지 않는 것은, 하나님의 백성들에게 온 마음을 다해 설교하지 않는 것과 같습니다. 우리가 그들을 믿음과 회개로 이끌어 달라고 하나님께 기도하지 않는다면, 우리는 결코 그들을 믿음과 회개로 이끌지 못할 것입니다."[6]

전도자의 신실함

청교도들은 삼위일체 하나님의 구속 사역에 초점을 맞추어 구속의 전체 경륜을 선포하는 일에 헌신했다. 동시에 그들은 불신앙과 고집으로 거절하는 이들을 복음이 영원히 정죄하리라 경고하면서, 죄인들에게 믿음과 헌신의 삶으로 돌아오라고 촉구했다. 복음을 전하는 청교도들의 설교와 방법은 그리스도 앞에서 지극히 신실했으며, 그들의 기질에도 그런 신실함이 잘 드러났다.

2:574.

6) Baxter, *The Reformed Pastor*, in *Works*, 4:393.

6부

청교도의 일상

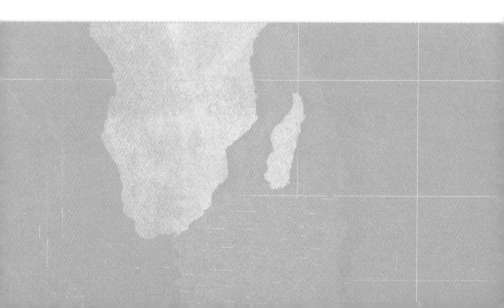

37. 묵상과 기도

청교도들은 하나님과 매우 친밀히 교제했다. 그들은 하나님과 매우 깊이 교제하기 위하여 성경 읽기와 설교 듣기 외에도 묵상과 기도 훈련이라는 두 가지 주요 방편을 사용했다.

청교도의 묵상

'묵상하다'라는 단어는 '무언가를 생각하다, 또는 숙고하다'라는 의미를 가진다. 청교도들은 성경 묵상이 삼위 하나님과 그분의 말씀을 깊이 생각하는 일과 관련된다고 말하는 데에 결코 지치지 않았다. 청교도들은 살아 있는 말씀이신 예수 그리스도와 하나님의 기록된 말씀인 성경에 닻을 내림으로써, 명상을 강조하면서 실천을 희생시키고 고삐 풀린 상상을 강조하면서 성경 내용을 희생시키는 신비주의를 멀리했다. 그들은 묵상을 성경 읽기(또는 설교 듣기)와 기도의 중간 훈련소로 여겼다. 다시 말해, 신자는 읽고 들은 말씀을 묵상이라는 방편을 통해 다시 기억하고 숙고함으로써 최고의 은덕과 유익을 얻고, 하나님을 새롭고도 풍성하게 이해하고 기도하는 데에 그것들을 적용한다.

청교도들은 두 가지 종류의 묵상, 즉 우발적인 묵상과 계획적인 묵상을 폭넓게 실천하였으며, 그와 관련된 작품을 많이 썼다. 우발적인 묵상은 신자가 보고 듣는 것들을 통해 하늘의 주제를 사색하도록 인도한다. 다윗이 달과 별들을 보고 묵상했던 것(시 8편 참고), 솔로몬이 개미를 보고 묵상했던 것(잠 6장 참고), 그리스도가 우물물을 보고 묵상하셨던 것(요 4장 참고) 등이 여기에 속한다.

그러나 가장 중요한 종류의 묵상은 날마다 시간을 정해 놓고 하는 계획적인 묵상이다. 이것은 기도하는 마음으로 성경 본문이나 진리를 곰곰이 생각하여 삶의 모든 국면에 적용하는 묵상이다.

청교도들은 묵상이 지성과 마음에서 이루어진다고 생각했다. 묵상하는 사람은 지성과 정서를 통하여 묵상하는 주제에 접근한다. 에드먼드 칼라미(Edmund Calamy)는, "참된 묵상은 그리스도를 진지하게 묵상하는 사람의 마음이 그리스도의 사랑으로 불붙게 한다. 그러므로 진리의 말씀이 그 마음을 변화시키도록 하나님의 진리를 묵상하라"라고 말했다.[1]

그들은 묵상이 열매를 맺으려면 반드시 세 개의 문으로 들어가야 한다고 믿었다. 그것은 이해의 문, 마음과 정서의 문, 그리고 일상에서 말씀대로 살아 내는 실천의 문이다.

청교도들은 묵상을 그리스도인이 다른 모든 종류의 의무를 잘 수행하도록 이끄는 일상의 의무로 여겼다. 기름이 엔진을 부드럽게 하듯이, 묵상은 은혜의 방편을 부지런히 사용하게 하고, 은혜의 표지를 깊게 하며, 다른 사람과의 관계를 매우 돈독하게 만들어 준다. 그러하기에 토마스 브룩스는 이렇게 설명했다.

---

1) Edmund Calamy, *The Art of Divine Meditation* (London: for Tho. Parkhurst, 1634), 26-28.

"많이 읽는 것이 아니라 많이 묵상하는 것이 선택받은 자요 사랑스럽고도 지혜로우며 강한 그리스도인임을 증명해 준다."[2] 바로 이런 묵상이 특별히 능력 있고 '크게 역사하는 뜨거운 기도'의 사람들을 낳을 것이다(약 5:16 참고).

청교도의 기도

청교도들은 참으로 '골방의 사람들'이었다. 청교도들은 기도하기 위해 특별히 구별한 개인적인 장소인 골방에서 하늘에 계신 하나님께 큰 소리로 기도했다. 그들과 그들의 사역과 가정과 교회와 국가에 복을 베풀어 달라고 기도했다. 그들은 기도를 하늘의 하나님과 믿는 영혼 사이에 이루어지는 거룩한 교통으로 여기면서 즐거워했다.

청교도들은, 참된 기도가 '다양하게 표현'될 수 있다고 말했다. 그들은 성경에서 다양한 종류의 기도가 제시된다는 사실을 인식했다. 즉, 하나님의 영광을 찬양하는 것, 죄를 고백하는 것, 필요를 간구하는 것, 하나님의 자비에 감사하는 것, 다른 이들을 위해 도고하는 것, 하나님께서 기도에 기꺼이 응답하시리라 확신하는 것이다. 그들은 성경을 기도의 내용으로 삼음으로써 균형을 유지했다.

참된 기도는 '하나님을 향한 신실함과 애정으로' 표현된다. 자신의 냉담한 마음을 고백하며 그 마음이 뜨거워지는 은혜를 간구하지 않는다면, 진실한 마음 없이 입으로만 기도할 것이며, 이것은 위선이다. 브룩스는 "온 마음을 다해 진실하게 기도하지 않으면, 하나님은 그 기도를 인정하지도, 증명하지도, 받아들이지도, 기록하지도, 그리고 상급을 베풀지도 않으신다"라고 말했다.[3]

참된 기도는 '하나님의 약속을 근거로' 한다. 청교도들은 하나님의 약속을 내

---

2) Thomas Brooks, *Precious Remedies against Satan's Devices*, in *The Complete Works of Thomas Brooks*, ed. Alexander Balloch Grosart, 6 vols. (Edinburgh: James Nichol, 1866-1867), 1:8.

3) Brooks, *The Privy Key of Heaven*, in *Works*, 2:256,257.

세워 기도하였다. 윌리엄 거널은 "기도는 약속을 거꾸로 돌려 드리는 것일 뿐이다. 또는 하나님의 말씀을 논거로 삼아 그분을 향한 믿음으로 응수하는 것이다"라고 말했다.[4] 하나님은 주권 가운데, 교회와 맺으신 약속에 스스로 매이셨다. 그리스도인의 기도가 효과적이려면, 기도할 때에 하나님께서 친히 쓰신 바를 보여 드려야 한다.

또한 참된 기도는 '성령의 도우심으로 지탱'된다. 청교도들은, 성령이 없으면 하나님의 백성들의 기도가 그저 공허한 말로 그칠 뿐이라고 강조했다. 반면 그분과 함께하는 기도는 하나님께 마음을 효과적으로 전하는 고백이 된다. 하나님의 영은 자기 백성들의 근원적인 정서를 만져, 그들이 기도할 수 있도록 자극하고 감동한다. 성령의 감동을 받은 신자는 자신의 소원을 성경에 합치되고 하나님을 기쁘시게 하는 방식으로 하나님께 쏟아낼 수밖에 없다.

나눌 수 없는 관련성

청교도들에 따르면, 묵상과 기도는 떼려야 뗄 수 없는 관계에 있다. 묵상은, 오직 하나님만이 우리 눈을 열어 자신의 진리를 이해하게 하실 수 있다고 고백하는 기도의 영으로 수행된다. 효력 있는 기도는 진리의 말씀으로 충만해진 지성과, 진리를 적용함으로써 고양된 정서와, 진리를 따르려는 의지로 행하는 기도이다. 그리고 이 모든 것들은 성경 묵상의 열매이다. 이렇게 묵상과 기도라는 한 쌍의 훈련을 통해, 청교도들은 그리스도의 은혜와 지식에서 자라 가기를 추구했다.

---

4) Gurnall, *The Christian in Complete Armour*, 2:88.

38. 양심

청교도 목사인 리처드 로저스와 그의 한 이웃이 함께 말을 타고 있을 때, 이웃이 이렇게 말했다. "저는 당신과 당신의 동료들을 참 좋아합니다. 그런데 당신은 너무 정확하고 엄밀하기만 합니다." 그러자 로저스는 이렇게 대답했다. "선생님, 저는 오직 엄밀하신 하나님을 섬기기 때문입니다."[1]

로저스는 하나님의 말씀에 순종할 때, 그것을 명령하시는 하나님보다 덜 꼼꼼하거나 덜 엄밀하게 순종할 수가 없었다. 이러한 신념은 청교도들이 경건한 삶에서 매우 중대하게 여긴, 하나님 앞에서 선한 양심의 열매이다.

양심의 본질

청교도들에 따르면, 양심은 인간이 보편적으로 가지는 본성의 한 부분으로,

---

1) 이것은 길스 휨인(Giles Firmin)과 관련된 일화이다. *The Real Christian, or a Treatise of Effectual Calling* (London: for Dorman Newman, 1670), 67.

하나님께서 사람이 이성에 따라 판단할 수 있도록 그 영혼에 세워 두신 그분의 권위이다. 사도 바울은 양심을 '그들의 마음에 새겨진 율법의 행위'로 묘사했다(롬 2:14,15 참고). 성경과 인간의 경험은 모든 사람에게 양심이 있다는 사실을 증언한다. 양심의 존재를 부인하는 사람들은 그들의 마음에 새겨진 원리보다 죄를 더욱 잘 따른다.

청교도 신학자들은 대부분 양심을, 옳고 그름을 도덕적으로 인식하고 판단하게 하는 이성의 기능으로 정의했다. 윌리엄 에임스는 양심을 "자신을 향한 하나님의 판단에 따라 자신을 판단하는 것"으로 묘사했다.[2] 그들은 양심이 죄책을 사용하여 우리에게 무언가가 잘못되었으며 바로잡아야 한다는 사실을 알려 주는 영적 신경계 역할을 한다고 이해했다. 윌리엄 페너(William Fenner)가 말했듯이, 일반적으로 양심의 판단은 지고하고 공정하며 신실하고 내밀하다. 페너는 계속해서 이렇게 말한다. "당신이 어떤 상태에 있는지를 알기 위해 멀리 갈 필요가 없다. 그 문제를 결정하는 것이 당신의 가슴 속에 있다."[3]

양심의 부패

그런데 인간이 타락하여 죄와 비참함에 빠지자 양심도 심각한 영향을 받았다. 좋지 못한 상태에 빠진 양심은 비성경적이고도 신실하지 못하게 행동하고 사고하도록 부추길 수 있다. 청교도들은 다양한 종류의 악한 양심을 다루는 글을 많이 썼다.

① '두려워하거나 의심하는 양심'은 범죄한 영혼을 고발하고, 하나님의 진노와 죽음과 심판으로 그 영혼을 위협한다. 이런 종류의 양심이 그 주인을 구원

---

2) Ames, *Conscience with the Power and Cases Thereof*, 1:2.

3) William Fenner, *The Souls Looking-Glasse, Lively Representing Its Estate before God: with a Treatise of Conscience* (Cambridge: by Roger Daniel, for John Rothwell, 1643), 12.

자이신 예수 그리스도께로 이끌지 않는다면, 그것은 악할 뿐이다.

② '도덕주의자의 양심'은 외적으로 도덕적인 덕목과 선한 행위들을 수행하게 하지만, 심판하시는 하나님의 결산 장부에는 크게 영향을 주지 못한다. 이런 양심은 참되고도 영속적이며 영적인 선을 행할 수 없다. 그것이 구원 얻는 믿음으로 말미암지 않으며, 따라서 하나님께 영광을 돌리지도 않기 때문이다.

③ '꼼꼼한 양심'은 종교적 의무와 사소한 도덕적인 일들을 많이 수행하지만, 구원 얻기 위해 오직 그리스도만을 바라보지도 않고, 그리스도 안에서 평화를 누리지도 않는다. 이런 양심은 목표 없는 자기 성찰과 암울한 내면만을 낳을 뿐이며, 그리스도 없는 자기 점검의 한 형태에 불과하다.

④ '오류를 저지르는 양심'은 하나님의 말씀을 잘못 적용하여 다양한 형태의 무지와 오해를 낳는다. 사무엘 아네슬리는 "악한 정보로 채워진 양심은 인간의 전통과 거짓 교리를 취하여 신성한 권위를 가진 하나님의 뜻이라고 내세운다"라고 설명했다.[4]

⑤ '둔감한 양심'은 실제로 자신에게 임할 심판을 직면하지 못한 사람의 회심하지 않은 양심이다. 이런 양심은 자신에게 임할 죽음과 심판에 무관심하며, 지옥의 공포에도 미동조차 하지 않는다.

⑥ '화인 맞은 양심'은 가장 나쁜 것으로, 사람을 구원의 소망 밖으로 밀어낸다. 이런 양심은 죄인으로 하여금 "조금도 꺼려 하지 않고 마치 음료를 마시듯이……죄를 삼키게" 만든다.[5] 이것은 하나님의 가장 큰 심판으로, 지옥에 떨어진 것이나 진배없다.

---

4) Annesley, "How May We Be Universally and Exactly Conscientious?," in *Puritan Sermons 1659-1689*, 1:13.

5) Fenner, *The Souls Looking-Glasse*, 85.

양심의 회복

하나님은 인간의 영혼에 있는 하나님의 형상을 회복시키면서 양심도 회복시키신다.

첫째, 청교도들은 양심이 설교를 통해 각성되어야 한다고 가르쳤다. 청교도들은 단지 교리를 분명하게 가르치는 것으로 만족하지 않았다. 그들은 사람들이 자기 마음 깊은 곳에 무엇이 있는지를 볼 수 있도록, 말씀으로 인간의 양심을 꿰뚫기 위해 헌신했다.

둘째, 양심은 반드시 성경을 통해 가르침을 받아야 한다. 청교도들은 양심을 하나님께서 자신의 말씀을 우리 삶에 적용하기 위하여 우리 안에 두신 반향판(sounding board) 같은 것으로 보았다. 우리 양심은 성경의 가르침으로 교육을 받아야 하고, 성경적으로 판단하는 훈련을 받아야 한다. 그렇게 될 때, 양심의 소리는 참으로 하나님의 음성이 될 것이다.

셋째, 양심은 반드시 복음을 통해 치료받아야 한다. 선한 양심은 복음과 복음의 약속으로 말미암아 평화를 누린다. 하나님의 약속들은 평강과 용서, 용납하심, 하나님과의 화목, 그리고 하나님과 사람 사이의 애정으로 양심을 양육하고 보호하는 수단이다. 청교도들에 따르면, 이런 약속들을 적용함으로써 선한 양심을 가지는 것은 이 세상에서 가장 복된 일 가운데 하나이다.

마지막으로, 양심은 반드시 자기 점검을 통해 훈련되어야 한다. 여러분이 하나님의 도덕적 계명을 얼마나 따르는지를 볼 수 있도록 도와주는 질문을 스스로에게 던지는 것도 한 방법이다.

결론: 말씀에 묶인 양심

양심은 본질상 반드시 활동적이어야 한다. 다만 청교도들에 따르면, 선한 양심은 율법주의나 죄에 대한 방종이 아니라 성경적인 순종과 자유를 고무시키는 하나님의 말씀을 알고, 그에 따라 행동한다. 양심은 오직 하나님의 영과 말씀이라는 '지도와 나침반'을 따를 때, 비로소 믿을 만한 내적인 조종사로서 우리를 안정적으로 섬길 수 있다.

39. 결혼

청교도들은 생생하게 성경적이며 긍정적인 결혼관을 가졌다. 그들은 종교개혁의 가르침을 토대로, 결혼에 대한 성경의 목적과 원리, 그리고 결혼 생활의 실제를 제시했다.

결혼의 목적

청교도들은 성경이 결혼의 목적을 세 가지로 제시한다고 말했다. 이것들은 모두 하나님께 영광 돌리고 이 땅에서 하나님의 왕국을 진전시키는 것을 목표로 삼는다.

결혼의 첫 번째 목적은, 함께하는 배우자와 서로 돕는 것이다. 이에 관해 윌리엄 퍼킨스는, "결혼한 당사자들은 자신들을 향한 부르심의 의무를 더욱 편안하고도 나은 방식으로 수행할 수 있다(잠 31:11-13 참고)"라고 말한다.[1]

결혼의 두 번째 목적은, 경건한 자손을 출산하고 양육함으로써 교회를 세우는 것이다. 청교도들은 자녀들이 하나님의 선물이며, 이를 통해 신자들이 가정과 교회와 국가를 섬긴다고 생각했다.

결혼의 세 번째 목적은, 가우지가 잘 말하듯이 남자와 여자에게 "그들의 그릇을 거룩함과 영예로 소유"(살전 4:4 참고)하고 음행을 피하게 하는 것이다(고전 7:2,9 참고).[2] 결혼은 육체의 정욕에 대한 가장 좋은 처방전이다.

결혼의 원리

청교도들은 결혼을 두 가지 중요한 성경적 원리, 곧 그리스도-교회의 원리와 언약적 원리의 관점으로 이해했다. 이 원리들은 아마도 청교도가 추구하는 결혼의 질서와 안정과 행복을 떠받치는 가장 주된 토대일 것이다.

① 그리스도-교회의 원리

청교도들은, 그리스도가 교회를 사랑하듯이 남편이 아내를 사랑해야 하며, 아내는 교회가 그리스도에게 하듯이 남편을 존경하며 복종해야 한다는 성경의 가르침을 받아들였다. 남편은 자기 아내를 절대적으로, 특별히, 실제적으로, 그리고 희생적으로 사랑해야 한다(엡 5:25-29 참고). 청교도들은 남편의 머리 됨이 그리스도가 교회의 머리 되시는 것을 따른다고 이해했다. 곧 남자의 권위는 특권을 누리는 허가증이 아니라 사랑의 책무를 부여한다. 마찬가지로 아내는, 남편이 하나님과 그분의 계명을 거슬러 행동할 때를 제외하고는 반드시 모든 일에서 남편을 존경하며 그에게 복종해야 한다.[3]

그리스도-교회의 결혼 원리에 관해 청교도들이 추구하는 성경적 사상은, 가

---

1) Perkins, *Christian Oeconomie: or, A Short Survey of the Right Manner of Erecting and Ordering a Family, according to the Scriptures*, in *Works*, 10:125.

2) William Gouge, *Of Domesticall Duties* (London: by John Haviland for William Bladen, 1622), 209,210.

3) Isaac Ambrose, *The Practice of Sanctification*, in *Works of Isaac Ambrose* (London: by Fisher, Son, & Co., for Thomas Tegg, & Son, 1835), 133.

장 근본적으로 남편과 아내가 상대방이 의무를 수행하든 안 하든 각자 자기 의무를 다해야 한다는 점을 강조하였다. 다시 말해, 남편은 아내가 하나님께서 부여하신 의무를 어떻게 수행하든 상관없이 그리스도가 교회를 대하듯 아내를 대해야 한다. 마찬가지로 아내는 남편이 하나님께 받은 의무를 신실하게 수행하는지 여부에 상관없이 교회가 그리스도에게 하듯이 남편을 존경하고 그에게 복종해야 한다.

② 언약적 원리

이런 사랑과 복종의 원리를 근거로, 청교도들은 결혼의 원리를 상당 부분 언약적으로 보았다(말 2:14 참고). 남편과 아내는 하나님께서 첫 번째 부부에게 연합하라고 엄숙하게 서약시킬 때에 제시하신 결혼의 규칙을 따르기로 자유롭고도 자발적으로 동의한다. 남자와 여자가 주 앞에서 거룩한 결혼 생활을 시작할 때, 그들은 조건이나 예외 사항 없이 결혼의 의무를 성취하겠다고 약속하는 것이다. 사무엘 윌라드(Samuel Willard)는 "그러므로 남편과 아내가 자신들의 의무를 소홀히 할 때, 그들은 서로에게 잘못할 뿐만 아니라, 하나님의 계명을 어김으로써 그분을 진노하시게 만든다"라고 말했다.[4]

결혼 생활의 실제

청교도들은 결혼의 실천과 의무와 윤리들을 결혼 생활의 교과서, 곧 성경에서 길어 냈다. 그들은 결혼의 연합과 관련된 의무를 상호 간의 의무, 남편의 의무, 아내의 의무라는 세 가지 주제로 분류했다.

① 상호 간의 의무

사랑은 결혼의 근본적 의무이다. 가우지는 "서로 사랑한다는 감정이 반드시

---

4) 다음 작품에서 인용. Morgan, *The Puritan Family*, 30.

남편과 아내를 연결해야 한다. 그렇지 않으면 그 어떤 의무도 제대로 수행할 수 없을 것이다. 이것이 나머지 모든 것의 기초이다"라고 말한다.[5] 이 사랑으로 말미암아, 남편과 아내는 서로에게 신실하고, 각자의 영적 성장을 추구하며, 서로를 위해 기도하고, 참된 우정을 키우며, 서로의 명예를 증진시키고, 한 팀으로서 부지런히 일할 뿐만 아니라 모든 가능한 방법으로 서로를 돕는다.

요컨대, 이 사랑은 반드시 영적이어야 하며(그 무엇보다도 하나님을 경외하고 사랑해야 함), 최상이어야 하고(이 세상에서 그 누구보다 상대방을 더 사랑해야 함), 신체적이어야 한다(하나님의 영광을 위해 서로를 친밀히 즐거워해야 함[예, 성적으로]). 결혼 생활에서 서로 온전히 사랑해야 한다고 강조하는 것은(중세 시대에 유행했던 혼외 관계와는 다르게) 청교도들이 우리에게 물려준 선물이다. 허버트 리처드슨(Herbert Richardson)은, "청교도들이 제시하는 낭만적인 결혼의 출현과 그 효력은 기독교 전통에 속하는 주요한 혁신을 대표한다"라고 올바르게 지적했다.[6]

② 남편의 의무

청교도들은 남편이 아내를 사랑하고 상대방에게 결혼의 의무를 다해야 할 뿐만 아니라, 자기 아내를 억압하지 않고 반드시 동등하게 대해야 하며, 지배력이 아니라 지도력으로 다스려야 한다고 가르쳤다. 남편은 자기 아내를 즐거워해야 하며, 아내를 인정하고 존중하며 즐겁게 해야 한다. 그러므로 남편은 아내가 아플 때나 건강할 때나 언제나 그녀를 돌보아야 한다. 마지막으로, 남편은 아내가 하는 일을 감사히 받고, 그녀에게 지나친 것을 요구하지 않으며, 자유롭게 가정의 일들을 처리할 수 있도록 해야 한다.

---

5) Gouge, *Of Domesticall Duties*, 225.
6) Herbert W. Richardson, *Nun, Witch, Playmate: The Americanization of Sex* (New York: Harper & Row, 1971), 69.

③ 아내의 의무

청교도들은 아내가 남편에게 복종하고 그를 존경하며 상대방에게 결혼의 의무를 다해야 할 뿐만 아니라, 다양한 방법으로 남편을 도와야 한다고 가르쳤다. 여기에는 남편의 일을 돕고 가정의 일들을 수행하며, 궁색하지 않지만 절약하며, 수수하고 유하며 공손하고 겸손해야 한다는 점들이 포함된다.

결론: 하나님의 말씀에 기초한 결혼

청교도들은 성경을 결혼의 목적과 원리와 실천들을 가르치는 안내서로 삼았다. 제임스 패커(J. I. Packer)가 말하듯이, "청교도들은 창세기에서 결혼의 기원을 찾았고, 에베소서에서 결혼의 완전한 의미를 알았으며, 레위기에서 정결한 결혼을 배웠고, 잠언에서 결혼 생활을 배웠으며, 몇 권의 신약성경에서 결혼의 윤리를 배웠고, 에스더와 룻기와 솔로몬의 아가서에서 이상적인 결혼에 대한 설명과 예시를 발견했다."[7]

물론 많은 청교도들의 결혼 생활은 이런 이상과 거리가 멀었다. 그러나 그들은 이상적인 결혼이 어떠해야 하는지를 알고, 하나님을 의지하면서 성실히 결혼의 이상에 점점 더 가까이 나아갔으며, 그들의 가정을 굳건하게 세워 갔다. 그들은, 하나님을 두려워하며 그분의 길로 행하는 사람이 행복한 결혼 생활을 영위하는 복을 받는다는 하나님의 약속을 믿었다(시 128:3 참고).

---

7) J. I. Packer, *A Quest for Godliness: The Puritan Vision of the Christian Life* (Wheaton, Ill.: Crossway, 1990), 263.

40. 자녀 양육

청교도들은 그들의 책과 삶의 모범을 통해 개혁주의 기독교 가정의 이상적인 초상을 보여 준다. 그들은 성경을 근거로 하여, 가족이 인간 사회에서 가장 기본이 되는 단위라고 믿었다. 코튼 매더는 "질서 정연한 가정은 자연스럽게 그들이 속한 다른 사회에서도 선한 질서를 만들어 낸다"라고 말한다. 그는 계속해서 다음과 같이 결론짓는다. "가정은 교회와 국가의 모판이다. 만일 당신이 가정을 망가뜨린다면, 모든 것을 망가뜨리는 것과 같다."[1] 그러므로 하나님께 영광 돌리는 방식으로 자녀를 양육하는 일은 매우 중요하다.

수태부터 시작되는 자녀 양육

청교도들은 임신했을 때부터 자녀 양육을 시작했다. 앞으로 부모가 될 사람

---

1) 다음 작품에서 인용. Carden, *Puritan Christianity in America: Religion and Life in Seventeenth-Century Massachusetts* (Grand Rapids: Baker, 1990), 175.

들에게는 아이가 태어나기 전에 중요한 두 가지 사명이 주어진다.

첫째, 아이가 모태로부터 죄 가운데 잉태되었으므로, 그들은 자녀의 구원을 위해 날마다 기도해야 한다(시 51:5 참고). 또한 그들은 임산부와 자녀가 보호 받도록 날마다 기도해야 한다.

둘째, 그때나 오늘날이나 유산이 흔하므로, 산모의 건강을 신중하게 보호해야 한다. 남편은 임신과 출산의 시기에 아내를 돌보고, 매사를 도와야 한다. 마찬가지로 산모는 유산되지 않도록 신체의 건강에 큰 관심을 가지고 조심해야 한다.

언약적인 자녀 양육

극히 예외적인 경우를 제외하고, 청교도의 자녀 양육은 자녀들이 하나님께서 신자들 및 그의 후손들과 맺으시는 언약에 속해 있다는 확신에 기초하고 있었다(행 2:39; 고전 7:14 참고). 이 언약은, 하나님의 보이지 않는 은혜를 눈에 보이게 드러내고 인 치는 성례, 곧 세례를 통해 확증된다. 청교도들은, 신자로서 이스라엘 백성들이 옛언약 아래에서 자기 아들에게 할례를 행했던 것처럼, 새 언약 아래 있는 신자들도 자녀들이 은혜언약 안으로 들어온 것을 확증하기 위해 그들에게 세례를 베풀어야 한다고 가르쳤다. 이 자녀들은 하나님의 소유이다. 자녀에게 부모는 하나님을 대신하는 청지기들이다.

한편 청교도들은 그들의 자녀들이 태어날 때부터, 또는 세례를 받음으로써 구원받게 된다고 믿지 않았다. 그들은, 자녀들이 언약 '안에' 있지만 필연적으로 언약'의' 자손은 아니라고 가르쳤다. 자녀들은 언약의 약속을 따라 살지만, 여전히 그 약속을 믿음으로 적용해야 한다. 따라서 부모는 자녀들에게 복음을 전하여 그들이 거듭나야 함을 강조하고, 회개와 그리스도 안에 있는 믿음과 거룩한 행동으로 구원을 확증할 수 있도록 애써야 한다.

구원과 경건을 위한 자녀 양육

아이작 암브로스(Issac Ambrose)에 따르면, 부모는 "그들의 가정에서 영광스러운 그리스도의 왕국을 세우고 건설해야 할" 사명을 지닌다.[2] 청교도들은, 자녀들을 어릴 때부터 주의 교양과 훈계로 훈련시켜야 한다고 강조했다.

① 교육

청교도들은 자녀들이 자신의 영적 안녕을 위해 성경과 신앙 서적들을 읽을 수 있도록, 그들에게 글 읽기를 가르치고 규칙적으로 훈련하였다. 그들은 가능한 한 가장 이른 시기부터 자녀들을 가르치기 위해 교리문답(일련의 질문과 대답을 통해 기독교의 기본 교리들을 설명하는 방식)을 사용했다. 교리문답의 목적은 언약의 자녀들에게 설교와 성례를 이해하기 쉽게 설명하고, 신앙고백을 준비시키며, 그리스도인으로서 어떻게 살아야 하는지를 가르치고, 오류에 맞서 그들의 신앙을 변론하게 하는 것이었다. 그러나 궁극적으로 그들은 지식을 잘 구비할 뿐만 아니라, 지성과 영혼으로도 진리인 하나님의 말씀을 잘 이해하여 자녀가 점점 더 거룩하게 살아갈 수 있기를 갈망하였다.

② 가정 예배

청교도의 가정은 날마다 한두 번 함께 모여 예배하였다. 이는 자녀 양육을 위한 가장 강력한 수단이었다. 전형적으로 청교도의 가정 예배에는 네 가지 요소가 포함되었다.

첫째, 기도가 있었다. 그들은 가족의 죄를 고백하고 가족을 위해 자비를 간구했으며, 가족의 감사 제목들로 기도했다. 둘째, 성경을 낭독했다. 일반적으로 하나님께서 그리스도인을 온전하게 하고자 완전한 성경을 주셨다고 확신하면서, 가족들이 차례대로 성경을 직접 읽어 나갔다. 셋째, 성경을 가르쳤다. 청교

---

2) 다음 작품에서 인용. R. C. Richardson, *Puritanism in North-West England: A Regional Study of Chester to 1642* (Manchester: Manchester University Press, 1972), 105.

도들은 아버지가 날마다 거룩한 진리의 말씀으로 질문하고 대답하고 가르침으로써 가족이 소통해야 한다고 믿었다. 넷째, '마음속의 은혜를 가지고' 하나님을 찬양하며 시편 찬송을 불렀다.

훈육을 통한 자녀 양육

청교도들은 확실한 훈육이 자녀 양육의 본질적 부분이라는 견해를 고수했다. 이러한 훈육은 단순히 가르치고 합당한 행동의 본을 보이는 일을 뛰어넘는 것이었다. 청교도들은 징계와 회초리가 지혜를 낳는다고 말했다.

어린 자녀가 불순종할 경우, 가장 먼저 말로써 징계해야 한다. 이로써 부모는 자녀가 하나님과 사람을 대적하여 범죄했으며 반드시 회개해야 한다는 것을 알려 주어야 한다. 말로 하는 징계가 효력을 발휘하지 못할 경우에 대해, 가우지는 다음과 같이 말한다. "하나님은 회초리를 자녀 훈육과 교육을 돕는 수단으로 정하셨다. 부모는 다른 방법이 모두 소용없을 때에 마지막 치료책으로 그것을 사용해야 한다."[3]

그런데 이 회초리 징계에는 사랑과 불쌍히 여기는 마음과 기도와 일관성과 절제가 함께해야 한다. 그리고 오직 도덕적 범죄의 강도에 상응하는 수준으로, 때에 맞추어 적절한 방식으로 이를 사용해야 한다. 잘못을 바로잡기 위한 훈육을 절대 분노로 시행해서는 안 된다. 또한 이런 훈육은 반드시 이해와 믿음과 회개를 격려하는 가르침과 더불어 이루어져야만 한다.

한편 청교도들은 훈육이 교정뿐만 아니라 예방의 차원에서도 이루어져야 한다고 말했다. 따라서 부모들은 반드시 자녀들에게 성경에서 말하는 순종의 길을 명확하게 제시하는 동시에, 이를 어길 경우 그들이 당하게 될 형벌을 분명

---

3) Gouge, *Of Domesticall Duties*, 552.

하게 가르쳐야 한다. 부모들은 가정에서 사랑하고 교제하며 대화하는 분위기를 조성하여 자녀들의 삶을 깊이 들여다보아야 한다. 무엇보다도 부모는 자녀들 앞에서 하나님께 순종하는 신앙의 스승으로서 진실하게 행동해야 한다.

결론: 하나님을 위한 자녀 양육

청교도들은 성경이 믿을 만한 진리의 보고라는 전제에서 시작해, 성경의 토대 위에서 자신들의 기독교 신앙을 자녀 양육에 적용하였다. 부모의 사명은 모든 측면에서 자녀들을 하나님께로 인도하여 하나님의 뜻을 행하게 하는 것이다. 청교도 부모들은 그들의 노력에 하나님이 복 주시기를 기대하면서 기도하였다. 그리고 하나님은 그들의 자녀들이 하나님과 교제하는 가운데 행하며 거룩하게 살고, 가정과 교회와 사회의 안녕을 위해 그들의 은사를 사용하도록 복을 베푸셨다.

41. 소명(부르심)으로서의 노동

청교도들은 세속적 노동에 대해 신학적인 견해를 풍성하게 제시했다. 이 주제를 가장 폭넓게 다룬 작품으로는, 윌리엄 퍼킨스의 『직업과 인간의 소명에 대한 논문』(*A Treaties of the Vocations and Callings of Men*)과 리처드 스틸의 『그리스도인의 경제 윤리』(*The Religious Tradesman*, 지평서원 역간)를 들 수 있다. 이 작품들은 소명이라는 개념을 서로 다른 관점에서 다루지만, 동시에 청교도들이 이 개념을 어떤 식으로 이해하고 일상에서 그것을 어떻게 실행했는지에 관하여 일반적인 틀을 제시한다. 퍼킨스와 스틸 모두가 소명으로서의 노동이라는 개념이 세속적인 노동에 고유한 가치를 제공하여 노동을 고상한 것으로 만든다고 이해했다. 인간의 소명은 자신의 삶을 통해 하나님께 영광 돌리는 장을 마련할 뿐만 아니라, 자신의 독특한 재능과 능력으로 공동의 선을 도모하는 길을 제공한다.

소명과 창조

청교도들은 그들보다 앞서 살았던 개신교 종교개혁자들과 마찬가지로, 직업 또는 소명의 교리 위에 노동에 대한 그들의 신학을 세웠다. 퍼킨스는 인간의 세속 직업이 하나님의 권능과 주권 안에 있다는 것을 소명 개념의 기초로 삼았다. 그는, "직업(또는 부르심)은 하나님께서 공동의 선을 위해 사람에게 정하고 부여하시는 특정한 삶의 유형이다"라고 말했다.[1] 퍼킨스는 소명을 이렇게 정의함으로써, 세속적 직업으로서든 기독교 사역으로서든 사람의 소명이 무엇보다도 하나님과 함께 시작한다는 점을 강조하고자 했다.

퍼킨스는 하나님이 사람의 소명을 결정하시는 것을 군대의 장군이 하는 역할에 비유했다. 마치 장군이 "모든 병사를 각각의 장소와 지위에 배치하듯이," 하나님은 모든 사람을 그 소명 가운데로 임명하신다. 또한 군인이 자신의 초소에서 "살고 죽듯이," 장군이신 하나님께서 떠나야 할 시간이 되었다고 말씀하시기 전까지는 모든 사람이 자신의 부르심에 머물러 있어야 한다.[2] 그러므로 그리스도인은 자신의 직업을 인간이 우연한 기회에 되는 대로 얻거나 선택한 것으로 여겨서는 안 된다. 하나님께서 모든 직업적 소명을 정하고 임명하신다.

리처드 스틸은 창조의 교리를 토대로, 인간의 노동을 하나님께서 모든 사람에게 명령하신 것으로 제시한다. 그는 책을 시작하면서, 하나님께서 다양한 방법 가운데 남자와 여자를 저마다 다른 종류의 노동에 어울리도록 구비시키신 것을 찬양한다. 어떤 이들에게는 "폭넓은 지식을 주셔서" 지적인 노동에 합당하게 하시고, 또 어떤 이들에게는 "예리한 판단력"을 주셨으며, 또 다른 이들에게는 노동하는 데 필요한 "특별한 손"과 "강한 팔"을 주셨다.

이 모든 독특한 은사와 더불어, "온 우주의 지혜로운 통치자는 모든 사람을

1) Perkins, *A Treatise on the Vocations*, in *Works*, 10:43.
2) Perkins, *A Treatise on the Vocations*, in *Works*, 10:44.

저마다 합당한 장소와 일에 임명하셨다. 그리고 그 자리를 떠나 행하는 자들에게는 상급을 주시는 대신 책망하실 것이다."[3] 인간은 직업을 통해 자신에게 적합한 분야에서 노동함으로써 하나님께 영광을 돌린다.

하나님은 우리를 불러 특정한 소명 속에서 살고 일하도록 만드셨다. 그러하기에 청교도들은, 일단 우리가 소명을 알게 되면 하나님이 달리 말씀하시지 않는 한 그 소명 안에 머물러야 한다고 믿었다. 퍼킨스는 어느 직업에서 다른 직업으로 옮겨 가거나 다른 사람의 소명을 부러워하지 말고, 하나님의 영광과 공동의 선을 위해 자신의 자리에서 온 힘을 다해 부지런히 헌신하라고 조언한다.

공동의 선

퍼킨스와 스틸은 모두 몸의 비유를 사용하여 하나님께서 사회 전체의 유익을 위해 소명을 어떻게 계획하셨는지를 묘사한다. 퍼킨스는 "사람의 몸에는 다양한 부분과 지체들이 있으며, 각각(이 몸의 각 부분들) 나름의 기능과 직무를 가진다. 이는 자신만을 위하지 않고 전체 몸의 유익을 위한다"라고 설명한다.[4] 이런 방식으로 이해하면, 인간의 노동은 새로운 중요성을 가지게 된다. 사람의 노동은 하나님을 영화롭게 할 뿐만 아니라, 자신을 둘러싸고 있는 사회를 번영하게 한다.

일반적 소명과 특별한 소명

일반적 소명과 특별한 소명을 구분하는 것은, 청교도들이 노동을 이해하는 관점의 핵심이다. 그리스도인이 된 모든 사람은 그리스도를 믿을 때에 일반적 소명을 받는다. 이 소명은 그리스도 안에서 우리가 택함 받은 것, 즉 택함 받지

---

3) Richard Steele, *The Religious Tradesman* (Trenton, N.J.: Francis Wiggins, 1823), 11,12.
4) Perkins, *A Treatise on the Vocations*, in *Works*, 10:45.

못한 자들과 구별되어 믿음과 선을 행하는 거룩하고도 경건한 삶으로 부르심을 받은 데에 뿌리를 두고 있다. 퍼킨스가 설명하듯이, "일반적 소명은 사람이 세상에서 나와 하나님의 자녀가 되고, 그리스도께 속한 지체가 되며, 하늘 왕국의 상속자가 되는 부르심이다."[5]

특별한 소명은 사람을 특정한 직업이나 직무로 부르시는 일반적인 부르심의 표현이다. 청교도들은, 이 세상에서 그리스도인으로서 신실하게 살아가는 동안 이 두 부르심의 관계를 올바르게 유지하는 것이 매우 중요하다고 생각했다.

퍼킨스는, 기독교 신앙에 대한 일반적인 소명에는 그리스도인이라면 누구나 반드시 수행해야 하는 몇 가지 의무가 포함되어 있다고 말한다. 곧 하나님의 이름을 부르며 기도하는 일, 교회의 유익을 위해 섬기는 일, 하나님의 대의를 위해 재정을 공급하는 일, 그리고 서로를 사랑하는 일이다.

반면 특별한 소명은, 우리를 다른 이와 구별하는 부르심이며, 이를 통해 우리는 우리의 은사를 활용하여 모든 이들의 유익을 위해 일할 수 있다. 우리는 하나님께서 우리에게 주신 은사와 부르심에 만족하며, 이 특별한 소명을 통해 서로를 부지런히 사랑하고 섬겨야 한다. 결과적으로, 모든 이들은 저마다 독특한 재능과 능력을 사용할 수 있도록 이런 소명을 받는다. 퍼킨스는, 이런 부르심이 없는 사람은 "몸에서 떨어져 나온 썩은 팔다리와 같다"고 말한다.[6]

부르심을 따르는 삶

청교도들은 소명을 중요하게 생각했기 때문에, 부르심을 확인하고 추구하는 일을 매우 잘 분별해야 할 중대한 문제로 여겼다. 소명을 올바르게 분별하는 것은 단지 이 세상에서의 즐거움뿐만 아니라 다가올 세상에서의 즐거움에까지

---

5) Perkins, *A Treatise on the Vocations*, in *Works*, 10:49.
6) Perkins, *A Treatise on the Vocations*, in *Works*, 10:55.

영향을 미친다.

청교도들은 소명을 분별할 때 두 가지 중대한 문제를 고려해야 한다고 조언했다. 하나는 그 일이 합법적인가 하는 것이고, 다른 하나는 그 일이 적절한가 하는 것이다.

소명의 합법성과 관련하여, 스틸은 다음과 같은 기준을 제시한다. "오직 우리가 합당하게 하나님의 복을 구하고 그분의 은총과 인정을 기대할 수 있는 것이 바로 합법적인 것이다."[7]

또한 사람에게 주어진 특정한 은사와 재능에 부합하는 소명인가 하는 점에 관하여, 퍼킨스는 '사람이 자신에게 적절하지 않은 일을 선택하는 것은 몸의 관절이 뒤틀리는 것과 같다'고 말한다. 그것은 마치 불법한 부르심에 참여하는 것처럼 사회에 매우 나쁜 영향을 미친다.[8] 그렇다면 자신에게 부합하는 특별한 소명인지를 어떻게 아는가? 퍼킨스는 은사와 소원이라는 두 가지 주요 기준을 제시한다. 먼저, 사람은 자신이 무엇을 원하는지를 물어야 한다. 내 마음이 원하는 일은 과연 무엇인가? 그다음에는 자신이 무엇을 잘할 수 있는지를 물어야 한다. 사람의 마음에서 소원과 은사가 일치할 때, 자신의 소명을 발견할 수 있을 것이다.

청교도들은 올바른 소명을 지혜롭게 분별하는 단계를 설명하면서, 이 과정에 부모가 자녀를 도와야 할 막중한 책임을 진다고 가르쳤다. 부모는 자녀들의 재능과 소원을 면밀히 관찰해야 한다. 자녀들이 참여하는 활동들에 주목하고, 어떤 일에 탁월한지를 살펴야 한다. 강한 신체를 가진 사람들은 몸을 더 많이 움직이는 소명에 참여하고, 강한 지성을 가진 이들은 더욱 지성적인 일을 추구해야 할 것이다.

---

7) Steele, *Religious Tradesman*, 25.
8) Perkins, *A Treatise on the Vocations*, in *Works*, 10:61.

소명에 부지런한 삶

이상과 같이 노동을 바라볼 때, 무엇보다도 중요한 것은 모든 이들이 자신의 노동에 부지런해야 한다는 것이다. 퍼킨스는 "소명에서 노동은 금이나 은처럼 귀하다"라고 말한다.[9] 사람이 자신의 소명에 더욱 부지런히 임할 때, 하나님께서 일반적으로 더욱 복을 주신다. 반면 사람이 하나님께서 주신 것을 선하게 사용하지 못한다면, 그가 가진 것도 빼앗기게 될 것이다(마 25:29 참고).

퍼킨스는 하나님이 주신 재능에 대한 청지기라는 측면에서뿐만 아니라 그가 속한 공동체를 위한 책무라는 측면에서도 부지런함을 중요하게 여겼다. 하나님의 영광과 우리가 사회에 진 빚은 우리가 근면하게 소명을 감당해야 할 깊은 동기가 된다.

스틸과 퍼킨스는, 게으름과 나태함이 사람의 삶에서 곪아터지면 다른 많은 악덕들을 초래한다고 주장했다. 사람이 나태하면 마귀가 신나게 일할 것이다. 또한 죄가 그의 삶에 기어 들어오기 시작할 것이다.

결론: 모든 노동의 신성함

소명에 대한 청교도의 견해는 노동의 가장 하찮은 국면들에까지 존엄을 부여하는 중요한 성과를 낳았다. 목회 사역을 감당하라는 소명처럼 특별히 매우 존귀한 일도 있으나, 하나님의 부르심이라는 측면에서 볼 때 합법적인 모든 직업이 엄청난 가치를 가진다. 윌리엄 틴데일(William Tyndale)은 이렇게 말한다. "설거지를 하는 일과 하나님의 말씀을 설교하는 일은 다르다. 그러나 하나님을 기쁘시게 한다는 점에서는 아무런 차이가 없다."[10]

---

9) Perkins, *A Treatise on the Vocations*, in *Works*, 10:48.
10) William Tyndale, "The Parable of the Wicked Mammon," in *Doctrinal Treatises and Introductions to Different Portions of the Holy Scriptures*, ed. Rev. Henry Walter (Cambridge: Cambridge University Press, 1848), 102.

청교도들에게 '소명'으로서의 노동이라는 개념은 단순히 일을 하는 동시에
하나님을 섬길 수 있다는 사실보다 더 큰 의미를 가지고 있었다. 즉, '그 일을
통해, 또는 그 일이라는 수단으로 말미암아 하나님을 섬길' 가능성을 제공하는
것이다. 다시 말해, 노동은 하나님을 섬기는 것과는 동떨어진 어떤 일이 아니라
자신의 전 생애를 통해 하나님을 기쁘시게 하는 수단이다.[11]

---

11) Leland Ryken, "The Original Puritan Work Ethic," *Christian History* 89 (2006): 33.

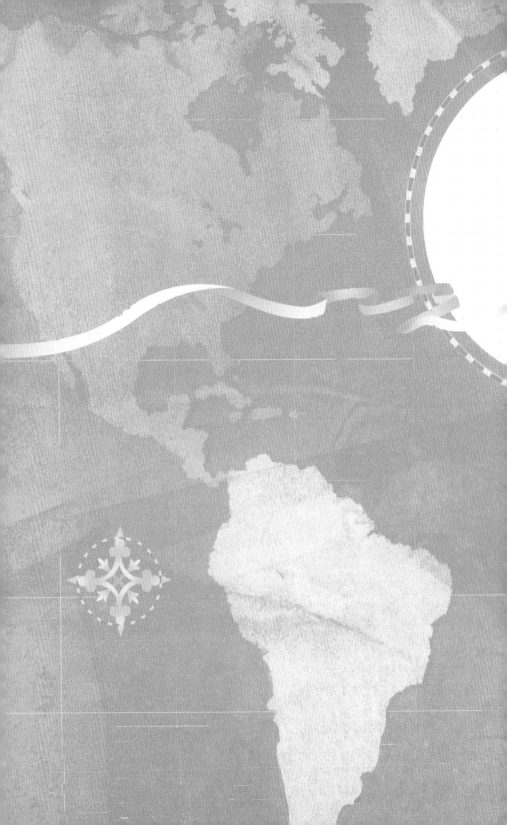

7부

오늘을 위한 청교도

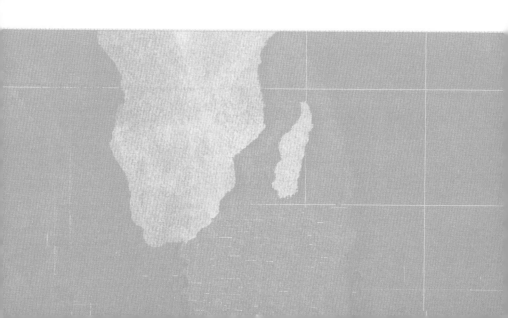

42. 청교도의 결점에서 얻는 교훈

우리는 언제나 교회사에서 발생한 모든 운동(종교적이든 세속적이든)의 결함과 약점들을 통해 교훈을 얻을 수 있다. 청교도 운동도 마찬가지이다.

청교도를 소개하는 일을 마무리하려면, 그들의 결점에서 우리가 무엇을 배울 수 있는지도 언급해야만 할 것이다. 물론 결점을 지적하는 것은 주관적인 일일 수 있다. 게다가 우리의 목적은 독자들에게 청교도들의 결점들을 완벽히 정리하여 제시하는 것도 아니다. 그들의 신앙 일기가 증언하듯이, 청교도들은 자신을 매우 엄격하게 판단했다. 그러므로 의심할 여지 없이 스스로에게서 많은 부족함들을 발견했을 것이다. 청교도들은 그리스도인으로서 자신에게 높은 삶의 잣대를 설정했지만, 그들 역시 우리와 마찬가지로 많은 부분에서 넘어지고 말았다.

지나친 예비론과 율법주의적 경향

첫째, 몇몇 청교도들은 신앙과 일상을 정결하게 하고자 하는 열정이 지나친 나머지, 오히려 그 열정에 함몰되어 버리곤 했다.

한편으로, 이것은 죄인이 구원받기 전에 지나치게 자신을 비하하고 수치스러워할 것을 요구한다. 예를 들어, 토마스 후커는 유죄를 선고받은 죄인이 하나님의 영광을 위해 기꺼이 지옥 같은 곳에서 고통받아야 한다는 은혜의 예비적 표지를 강조한다.

다른 한편으로, 일부 청교도들은 여가 활동과 같은 특정한 영역에서 그리스도인의 양심의 자유를 억누르면서 율법주의에 빠졌다. 다행히도 소수의 청교도들만이 이런 오류에 빠졌지만, 그들이 손상한 청교도의 대의는 그들의 시대뿐만 아니라 우리 시대로까지 이어졌다. 그들의 후손들이 청교도 신앙을 떠나고 나서 오랜 시간이 흐른 후, 율법주의는 그저 이웃이 나를 어떻게 생각할지를 염려하는 것에 불과한, 빅토리아 시대의 '체면(respectability)'이라는 개념으로 굳어져 버렸다.

다른 견해를 지나치게 배격하는 태도

둘째, 어떤 청교도들은 때때로 자신들과 견해가 다른 사람들을 도무지 참아내지 못했다. 그들은 반대하는 목소리를 추방하거나 억압했다. 반대자의 태도에 따라 이런 대처가 정당한 경우도 있었지만, 그렇지 않은 경우에 청교도들은 다른 사람들에게 좀 더 관용을 베풀 수 있었는데도 그러지 못했다. 이러한 태도 역시 청교도의 명성에 흠집을 냈다.

이처럼 다른 것을 용납할 수 없었던 청교도들은, 거의 모든 영역에 관심을 가지기에 이르렀다. 그들은 거의 모든 것에 대해 견해를 제시했고, 습관적으로 성경을 그 근거로 삼았으며, 때때로 자신들의 요점을 증명하기 위해 성경 주해를 자기 해석으로 확대하기까지 했다.

물론 청교도들이 결혼반지와 무릎 꿇고 성찬을 받는 행위, 성직자의 의복과 같은 다양한 사안들에 반대한 것은, 로마 가톨릭교회에서 비성경적으로 행해진 모든 종류의 미신에 정당하게 반대한 것을 떠올리게 한다. 우리는 이 점을 반드시 기억해야 한다. 또한 그들의 반대자들이 교회 회원의 자격과 공적 사역, 시민의 자유와 같은 관례를 따르도록 요구했다는 사실도 기억해야만 한다.

그러나 어쨌든 300년이 지난 오늘날의 관점으로 볼 때, 무관심하거나 가볍게 반대해도 될 만한 몇몇 사안들에 청교도들이 지나치게 반대한 것은 때때로 그들이 너무나 당파적이라는 인상을 주는 결과를 낳았다.

노예와 마녀재판

셋째, 노예를 소유하도록 용납하거나 마녀재판을 시행한 일처럼 몇몇 끔찍한 관행들 때문에, 청교도는 구시대적인 이들로 간주되기도 한다. 비록 단지 소수의 청교도들만이 이런 슬픈 문제들에 관여했다는 사실은 감사할 따름이지만, 실상 단 한 명이라도 이것을 인정했다는 것은 심각한 병해가 아닐 수 없다. 노예를 소유한 소수의 청교도들이 일반적으로 그들을 잘 대우하고 그들에게 신실하게 복음을 전했다는 사실을 들어 아무리 정당화한다 하더라도, 이러한 가증스러운 관례를 변명할 수는 없다. 청교도들을 둘러싼 나머지 사회가 어떻게 행했는지 상관없이, 우리는 그들 가운데 누군가가 이런 노예 제도를 용인한 것을 한없이 슬퍼하고 부끄러워하며 당황스러워해야 한다. 그들은 확실히 더욱 제대로 알았어야만 했다.

마녀재판에 관해서도 변명할 여지가 없다. 영적으로 매우 성숙한 소수의 청교도들이 이것을 용인했다는 것은 심각한 맹점이며, 오늘날 우리를 더욱 당황스럽게 만든다. 다시 한 번 정확한 역사적 사실을 분명히 짚고 넘어가자면, 대부분의 청교도들은 누군가를 '마녀'로 지목하여 가혹하게 행하는 것을 용납하지 않았다. 사무엘 윌라드 같은 목사들은 마녀 사냥을 공개적으로 혐오했다. 마녀재판에서 두드러지게 활약한 사무엘 수얼(Samuel Sewall) 같은 판사들조차도 나중에는 그 일에 개입한 것을 회개했다. 다행히도 일부 청교도들은 '기괴한 입증'를 중단하라고 요구했으며, 이는 마녀재판을 끝내는 데에 도움이 되었다.[1]

이 문제와 관련하여, 전체 청교도 목사들은 그들 중 소수가 범한 죄로 인해 큰 대가를 치러야 했다. 근대 역사가들(세속적이든 종교적이든)이 이를 세심하게 연구하여 바로잡았는데도, '청교도'라는 단어는 많은 사람들에게 가혹함과 미신을 일컫는 말로 여겨지며, 여전히 경멸적으로 사용된다.

그 밖의 결점들

청교도의 다른 결점들도 언급해야 할 것이다. 물론 그중 어떤 것들은 그들이 살았던 당시의 역사적 정황을 들어 설명해야 한다. 어떤 이들은 그들이 안식일 전체를 지나치게 열심히 지켰다고 지적하는 반면, 또 다른 이들은 바로 그것이 그들의 강점 중 하나라고 말할 것이다.

또한 어떤 이들은 청교도들이 일상적인 일들(특별히 부모가 자녀들에게 행하는 일들)에 영적이고도 도덕적인 의미를 부여한다고 지적하면서 비판하겠지만, 또 다른 이들은 이것이야말로 오늘날 불경하고도 부도덕한 시대를 사는 우리에게 매우 부족한 점이라고 반응할 것이다.

어떤 이들은 청교도들이 장황하다고 말할 것이다(조셉 카릴은 욥기에 관해 300

---

1) 마녀재판에 관한 설명과 분석은 다음을 참고하라. Dean George Lampros, "Season of Anguish: The Formal Proceedings Conducted during the Salem Witchcraft Hysteria of 1692," *Westminster Theological Journal* 56 (1994): 303-327.

편이 넘는 설교를 했고, 안토니 버지스[Anthony Burgess]는 요한복음 17장을 145번이나 설교했다). 비록 이것이 오늘날 우리 시대에 적절해 보이지는 않겠지만, 이런 면에서 청교도의 지성은 우리의 지성과 차원이 달랐다는 점에 주목해야 한다. 우리는 설교자들이 전하려는 본문의 문맥을 주해하도록 훈련시킨다. 그러나 청교도들은 좋든 나쁘든 성경 전체를 설교의 문맥으로 삼았다!

윌리엄 거널의 『하나님의 전신갑주』(The Christian Armour, CH북스 역간)라는 책은 에베소서 6장의 절반만을 다루는데도 매우 두껍다. 그런데 우리가 실제로 그 책을 읽는다면, 오히려 반복되거나 장황한 설명이 너무나 적어서 놀랄 것이다. 물론 우리가 보기에 정말로 장황한 청교도들도 일부 있겠지만, (거널의 책과 같이) 다른 청교도들이 쓴 엄청나게 두꺼운 작품들은 실제로 전체를 읽을 만한 가치를 가진 위대한 고전이다. 일부 청교도 설교자들은 본문을 계속해서 그렇게 다룰 수 있는 은사를 가지고 있었다. 그리고 한편 어떤 사람들에게는 그런 재능이 없었다. 오늘날의 설교자들은 청교도들에게서 배우고, 청교도들의 은사가 무엇이며 그것을 어떻게 활용하여 최고로 발전시켰는지를 주의 깊게 살펴야 한다.

오늘날을 위한 교훈

이 모든 것을 통해 청교도들은 우리에게 세 가지 중요한 사실을 가르쳐 준다.

첫째, 그리스도인으로서 우리의 약점과 죄는 다른 사람들과 우리 자신에게 큰 해를 입힌다. 예를 들어, 자궁에 있는 수백만 명의 아기를 죽이는 야만적인 행위를 묵인한 우리 시대의 그리스도인들을, 심지어 한 세기 뒤의 세속 세계 사람들조차 어떻게 생각하겠는가? 우리가 하나님께 우리의 결함과 죄를 보여 달라고 부르짖고, 지체 없이 그것들을 자백하고 버림으로써 회개해야 하지 않겠는가?

"하나님이여 나를 살피사 내 마음을 아시며 나를 시험하사 내 뜻을 아옵소서. 내게 무슨 악한 행위가 있나 보시고 나를 영원한 길로 인도하소서"(시 139:23,24).

둘째, 앞에서 간략하게 요약한 바와 같이, 우리는 청교도 역사를 통해 실책과 죄에 빠진 소수가 전체 운동에 얼마나 많은 피해를 주는지 배워야 한다. 예를 들어, 세일럼(Salem) 마녀재판을 다룬 책들이 얼마나 많은가! 이 재판에 소수의 청교도들이 관여했을 뿐인데도, 이 일이 청교도의 대의를 얼마나 크게 손상하였는가! 그리스도인으로서 우리는 우리 죄와 결함들이 예수 그리스도의 교회에 많은 해를 끼칠 수 있음을 언제나 기억해야 한다.

셋째, 리랜드 라이큰이 유용하게 요약한 바와 같이, 우리는 다음 사항들을 기억함으로써 청교도들의 약점과 오류를 통해 배워야 한다.

- 휴식과 축하와 인간을 풍요롭게 하는 여가활동과 오락은 그 자체로 선한 가치를 지닌다.
- 우리의 기본적인 도덕 원리에 규칙들을 덧붙여 복잡하게 만드는 것을 경계해야 한다.
- 간결하게 표현하는 기술을 연마하고, 언급하지 말아야 할 것을 언급하지 않으며, 말의 양보다 질을 선택하고, 청중의 관심사를 존중해야 한다.
- 지나치게 많은 도덕과 훈계를 내세우지 않도록 조심해야 한다.
- 남성우월주의적 관점으로 생각해서는 안 된다.
- 사물의 원칙과 그 남용을 구별하여 당파 정신을 뛰어넘어야 한다.
- 우리가 받아들이지 않는 견해를 주장하는 사람들의 신앙 정서를 존중해야 한다.
- 정확하게 표현하는 것이 과장보다 낫고, 온화하게 표현하는 것이 호전적인 것보다 더 존경받으며, 좋은 것이더라도 너무 지나치면 우스꽝스러워질

수 있다는 점을 기억해야 한다.[2]

　마지막으로, 청교도들은 실제로 매우 엄격했지만(오늘날의 기준으로 판단할 때 결점으로 여겨질 만큼), 동시에 하나님의 자비와 용서를 깊이 인식했다. 청교도들은 시간과 영원이 인간의 영혼에 전혀 중요하지 않은 것처럼 살아가는 세속적인 정신을 경멸했다. 그러나 청교도를 전형적으로 '순례자' 또는 '시온을 향한 여행자'로 그리는 것은 그저 불완전한 견해일 뿐이다. 청교도들은 다른 세상을 향한 열망을 이 세상의 유용성과 조화시켰다. 각자가 하나님의 말씀과 그 영광에 따라 최고의 남편, 최고의 아내, 최고의 아들, 최고의 딸, 그리고 최고의 일꾼이 되기 위해 분투했다. 다시 말해, 소수의 청교도들이 앞서 언급한 영역에서 결함을 드러내고 죄를 저질렀을지라도, 그들 각자는 두 세상에서 최고의 시민이 되기 위해 노력했다.

　따라서 우리는 청교도들의 잘못 때문에 그들의 약점과 강점 모두에서 배울 수 있는 것에 눈을 감아서는 안 된다. 그들이 그리스도를 따르는 한, 그리고 따랐던 만큼, 우리 역시 그들을 따르기로 결심해야 한다!(고전 11:1 참고)

---

2) Leland Ryken, *Worldly Saints: The Puritans as They Really Were* (Grand Rapids: Zondervan, 1986), 201. 본 장에서 우리는 라이큰의 통찰력과 평가를 공부하였다.

43. 오늘을 위한 청교도의 교훈

이 책을 쓰는 내내 우리에게는 감사가 넘쳤다. 우리는 어린 시절과 청년 시절부터 청교도의 작품들을 읽으면서, 스스로가 풍성해지고 도전과 용기를 얻으며 더욱 지혜로워지는 것을 발견하였다. 이제 우리는 다만 다른 이들도 이러한 보물 창고에서 유익을 얻을 수 있도록 이 복을 나누기를 소망한다.

그렇다면 우리가 청교도들이 오늘날에도 여전히 가치 있다고 믿는 이유를 몇 가지 제시하겠다.

청교도는 성경적이다

청교도의 작품을 읽는 사람이라면, 그들이 가진 성경 지식과 성경을 사용하는 방법에 놀랄 수밖에 없다. 그들의 설교와 저작들은 성경적 암시와 문장과 예증과 증거 구절들로 촘촘히 짜여 있다. 청교도들에게 성경은 궁극적 권위였으며, 언제나 그들의 모든 교훈을 검증할 수 있는 표준이었다. 찰스 스펄전은 이렇게 말한다.

> 내가 의미하는 바가 무엇인지를 보이기 위해 존 번연을 인용하고자 합니다. 번연의 작품 중 하나라도 읽어 본다면, 여러분은 마치 성경을 읽는 것 같다고 느낄 것입니다……그의 어느 곳이든 찔러 보십시오. 그리하면 여러분은 그의 피가 성경적이며, 그에게서 성경의 정수가 흘러나온다는 것을 알게 될 것입니다. 번연의 영혼이 하나님의 말씀으로 충만하였기 때문에, 그는 성경을 인용하지 않고서는 결코 말할 수 없었습니다.[1]

청교도들이 성경적이었다는 말은, 그들이 미련한 성경 문자주의자였다는 뜻이 아니다. 그들은 아무런 의미도 없는 증거 구절을 끌어모으는 사람들이 아니었다. 또한 그들은 삼위일체처럼 하나의 본문만으로 전개할 수 없는 위대한 신앙의 교리들을 탐구하는 일을 두려워하지 않았다. 청교도들은 성경에 닻을 내린 까닭에 교리적으로 풍성하고도 지혜로웠으며, 균형 잡히고도 분별력 있었다.

청교도는 그리스도 중심적이다

청교도들은 교리적 강조점을 성경이 강조하는 그리스도에 두었다. 리처드 십스는 목회 사역의 목표를 한마디로 표현하였는데, 그 진술을 청교도 운동 전체에 적용할 만하다.

> 우리 소명의 주요한 목적은 목회 사역, 곧 그리스도의 측량할 수 없는 부요하심을 드러내고 설명하는 것입니다. 마치 광산을 파듯이, 하나님께 속한 사람

---

1) C. H. Spurgeon, *C. H. Spurgeon's Autobiography, Compiled from His Diary, Letters, and Records, by His Wife and His Private Secretary*, 1878-1892, vol. 4 (Toronto: Fleming H. Revell, 1900), 268.

들의 모든 애정을 파내어 그리스도에게로 이끌어야 합니다……그리스도와 모든 영혼이 혼인하도록 중매하는 것이 우리 소명의 목적입니다. 우리는 신부인 교회의 친구로서, 교회를 신랑이신 그리스도께로 인도합니다. 또한 우리는 교회의 친구로서, 그리스도를 그들에게로 인도합니다.[2]

윌리엄 퍼킨스는 설교에 관해 저술한 영향력 있는 책을 마무리하면서 이것을 더욱 신랄하게 표현한다. "그리스도를 찬미하기 위해, 그리스도에 의해, 그리스도를 설교하라!"[3]

청교도들은 성경 어디에서나 그리스도를 발견했다. 토마스 아담스(Thomas Adams)는 성경에 관해 이렇게 말한다. "그리스도는 성경 전체에서 예언되고 예표되며 예시되고 제시되며 증언되는 성경의 골자이십니다. 그리스도는 성경 전체의 잎사귀에서 발견되며, 거의 모든 문장에서 발견됩니다. 성경은 마치 어린 예수님을 감싸고 있던 강보(작은 이불)와 같습니다."[4]

마찬가지로 아이작 암브로스도 다음과 같이 말한다. "모든 성경의 본체요 골수요 영혼이요 내용인 그리스도를 생각하십시오."[5] 그리스도를 설교하고 하나님의 백성들을 가르치기 위해 청교도들이 신약뿐만 아니라 구약성경도 살피는 것은 자연스러운 일이었다.

청교도들은 그리스도를 사랑했고, 그리스도의 아름다움을 제시하는 작품을 많이 남겼다. 청교도의 마음을 지닌 사무엘 루터포드는 이렇게 기록했다. "에덴동산과 같은 수천수만 세상의 모든 아름다움을 한곳에 모아 보십시오. 모든

---

2) Sibbes, "Bowels Opened," in *Works*, 2:142.

3) Perkins, *The Art of Prophesying, or, A Treatise Concerning the Sacred and Only True Manner and Method of Preaching*, in *Works*, 10:356.

4) Thomas Adams, "Meditations upon Some Part of the Creed," in *The Works of Thomas Adams* (1862; repr., Eureka, Calif.: Tanski, 1998), 3:224.

5) 다음 작품에서 인용. Packer, *A Quest for Godliness*, 103.

나무와 모든 꽃과 모든 향기와 모든 색과 모든 맛과 모든 기쁨과 모든 사랑스러움과 모든 달콤함을 한데 모아 보십시오. 그것은 얼마나 멋지고 탁월할까요? 그러나 이 세상의 수천수만의 바다와 강과 호수에 비하면 빗물 한 방울은 아무것도 아니듯이, 탁월하고도 아름다우며 사랑스러우신 그리스도에 비하면 이 모든 것들은 아무것도 아닙니다."[6] 토마스 굿윈도 루터포드의 이런 생각에 동의하면서, 만일 그리스도가 안 계시다면 천국은 지옥과 같을 것이라고 말했다.

이처럼 청교도들은 그리스도를 강조함으로써 많은 경우 신학적으로 어긋나지 않을 수 있었고, 그들의 작품들이 온통 예배로 충만할 수 있었다. 여러분이 그리스도를 더 잘 알고 더 충만히 사랑하기를 원하는가? 그렇다면 청교도의 작품에 몸을 담그고, 그것이 여러분을 이끌어 그리스도 중심의 방식으로 성결하게 해 주기를 성령님께 간구하라.

청교도는 경건하다

비통하게도 오늘날 '경건하다'는 말은 어느 정도 비방의 의미를 담아, 거품이 많고 진실하지 않으며 지성적이기보다는 '영감적인(inspirational)' 어떤 것을 지칭하는 데 사용되곤 한다. 그러나 이런 의미들 가운데 그 어느 것도 청교도들의 특징이 아니다. 청교도들은 학식이 매우 높았고, 전문적인 언어 훈련을 받았으며, 성경신학과 조직신학과 역사신학에서 훌륭한 교육을 받았다. 그들은 심오하고도 진지하게 연구했고, 그 결과 뛰어난 학식을 갖추게 되었다. 그들은 지성을 넓히는 신학을 추구했다.

그러면서도 그들은 사람들의 마음에 불을 일으키는 신학을 지향했다. 심오

---

6) Samuel Rutherford, "Epistle 29. To the Lady Kilconquhair," in *Joshua Redivivus, Or, Three Hundred and Fifty-two Religious Letters, by the late eminently pious Mr. Samuel Rutherford, Professor of Divinity at St. Andrews* (Glasgow: William Bell, 1796), 60.

하고도 사려 깊은 신학은 지식인들만의 놀이터가 되지 않았고, 청교도들의 손에서 도리어 예배에 불을 지피고 교회를 세웠다. 그들은 흔히 교리를 신학이라는 탁구 경기의 공 정도로 취급하는, 일종의 죽은 정통을 혐오했다. 그들은 복음의 교리에 단순히 지적으로 동의하는 것 이상을 원했다. 그들은 진리의 지식이 진심으로 경험되기를 원했다. 그래서 존 오웬은 위대한 작품인 『기독론』의 머리말에서, "예수 그리스도의 인격을 묘사하는 일이 추구하는 위대한 목적은, 우리가 그분을 사랑하고 그분으로 말미암아 그분의 형상을 따라 변화되는 것"이라고 말했다.[7]

실상 청교도들의 작품에는, 심지어 그 내용을 뛰어넘는 무언가가 충만했다. 그들 시대의 작가들은 그것을 '팅크(tincture),' 즉 일종의 분위기와 색조라고 불렀다. 그들에게서는 깊은 신앙심과 하나님의 영광 및 은혜를 향한 경이감이 물씬 풍겼다.

청교도는 실천적이다

청교도들은 인간의 마음과 지성과 삶이 하나님의 말씀으로 말미암아 개혁되기를 고대했다. 그래서 그들은 의식적으로 목회적이고도 실천적인 사역을 추구했다. 그들 중 많은 사람들은 오늘날 안락한 서구 사회에서는 전혀 들어 본 적도 없을 만큼 엄청난 박해와 고통과 사별을 견뎌 냈고, 이를 통해 다른 사람들에게 큰 유익을 주었다. 그들은 단순히 기독교 안에서 놀 수 없었다. 그들은 삶의 모든 부분에서 하나님의 영광을 보게 되기를, 그리고 심판의 날에 그리스도의 의를 옷 입고서 그리스도를 만날 수 있기를 소망하면서 자신의 영혼을 준비하고, 목회하고 저술하고, 살고 죽었다.

---

7) Owen, *Christologia*, in *Works*, 1:27.

결론: 기도하는 마음으로 청교도들의 작품을 읽으라

이런 이유들을 비롯해 수많은 이유들로 인해, 여러분은 청교도들에게서 생명을 주는 부요함을 발견하게 될 것이다. 그러므로 사랑하는 독자들이여, 그들이 비록 우리 모두와 마찬가지로 부족함과 약점을 가지고 있었다 할지라도, 여러분이 청교도 작품들을 집어 들고서 읽기를 권한다.

그러나 우리는, 그들의 신학을 연구하고 사상을 논하며 그들의 업적을 상기하고 실패를 질책하는 수준을 반드시 넘어서야 한다. 우리가 던져야 할 참된 질문은 다음과 같다. 우리는 청교도들처럼 삼위 하나님께 영광 돌리는 일에 목말라하는가? 우리는 과연 그들처럼 성경의 진리와 불에 따라 움직이는가? 우리는 그들처럼 회심과 그리스도의 의로 옷 입는 것이 절대적으로 필요하다는 견해를 견지하는가?

청교도를 읽는 것만으로는 충분하지 않다. 청교도에 관심을 갖게 되는 것은 청교도주의의 부흥이 아니다. 우리에게는 그들의 내적 기질, 곧 그들이 이해하고 가르치고 실천했던 참되고도 성경적이며 지성적인 경건이 필요하다. 우리의 마음과 삶과 교회와 나라에는 그러한 경건이 필요하다.

비록 그들에게 잘못된 부분이 있었으나, 우리도 그들이 분투한 만큼 하나님의 말씀에 순종해야 하지 않겠는가? 우리도 청교도들처럼, 가장 나쁜 불행보다 단 한 방울의 죄가 더욱 악하다는 사실을 고백해야 하지 않겠는가? 우리도 그들처럼 그리스도를 사랑하고, 그들처럼 참되게 삼위 하나님을 섬겨야 하지 않겠는가? 우리도 그들과 마찬가지로 영원만을 바라보면서 살아야 하지 않겠는가?

묵상하고 기도하는 마음으로 신중하게 청교도들의 작품을 읽으라! 그리고 나서 청교도들이 그리스도를 본받아 따랐던 것처럼, 나아가 그들을 본받아 따르라(고전 4:16 참고). 그리하면 여러분은 후회하지 않을 것이다. 만일 당신이 구원받지 못했다면, 성령의 은혜 가운데 청교도들이 당신을 구원의 길로 인도할 것이다. 만일 당신이 구원받았다면, 청교도들이 당신을 영적 성장과 거룩함과 성숙으로 인도할 것이다.

44. 청교도 작품 읽기, 어떻게 시작할 것인가?

조지 휫필드는 청교도들과 그들의 작품에 관하여 다음과 같이 말한다.

청교도들은 뜨겁게 타올라 반짝이는 빛들이었다. 검은 바돌로매 시행령(Bar-tholomew Act)으로 인해 교회에서 추방당하여 헛간과 들판, 큰 길과 산울타리에서 설교하게 되었을 때, 그들은 권위 있고도 특별한 방식으로 설교하고 글을 썼다. 그들은, 비록 지금은 죽었으나 자신들의 작품을 통해 오늘도 여전히 말하고 있다. 그 시간에 특별한 기름 부으심이 그들에게 임했다. 지난 30년 동안 나는, 국내외에서 참되고도 강력한 신앙의 부흥이 일어날 때마다, 훌륭한 청교도의 오래된 작품들과 국교회의 교제권 안에서 살고 죽었던 그들의 글들이 더 많이 요청되었다는 사실을 깨달았다……그들의 작품들은 오늘날에도 여전히 인정받고 있다. 예언의 영을 가장하지 않더라도, 우리는 감히 이렇게 확신할 수 있다. 오늘날 그들과 상반되는 이들이 화려하고도 반짝이

는 덫을 놓기도 한다. 그러나 그것들은 어느 것이 성경의 표준에 가장 가까운
지를 분별하는 지각이 열린 이들의 평가 가운데 시들어 죽고 말 것이며, 청교
도들의 작품들은 계속 살아 번영할 것이다.[1]

만일 당신이 이제 막 청교도를 읽기 시작했다면, 리포메이션 헤리티지 출판
사(Reformation Heritage Books)에서 출간한 '현대를 위한 청교도의 보화(Puritan
Treasures for Today)' 시리즈부터 시작하라. 이 책들은 100쪽 남짓하는 짧은 청
교도 작품들로서, 마치 어제 막 쓰인 것처럼 쉽게 읽을 수 있도록 오늘날의 영
어로(내용을 희생하지 않고) 편집되었다. 예를 들면, 존 플라벨의 『죄악된 두려움
에서 승리하는 길』(Triumphing Over Sinful Fear), 윌리엄 그린힐(William Green-
hill)의 『세상을 사랑하는 일을 멈추라』(Stop Loving the World), 안토니 버지스의
『구원의 확신을 추구하는 믿음』(Faith Seeking Assurance) 등으로 시작하라. 오
늘날 대부분의 기독교 서점에서 흔히 찾아볼 수 있는 가벼운 책들과 비교할
때, 이 시리즈는 쉽게 읽을 수 있으면서도 청교도의 경건과 영성이 얼마나 감
동적이고도 깊은지를 즉시 발견하게 해 줄 것이다.

　일단 당신이 청교도 작품들의 풍성한 내용에 매료되었다면, 이제 편집되지
않은 원전을 읽으라. 토마스 왓슨의 『천국을 침노하라』(Heaven Taken by Storm),
존 번연의 『하나님에 대한 두려움』(The Fear of God), 존 플라벨의 『마음 참된
성도의 마음』, 토마스 브룩스의 『사탄의 계략에 맞서는 귀중한 해결책』(Precious
Remedies against Satan's Devices, 『사탄의 책략 물리치기』 엘맨 역간), 리처드 십스의
『영광스러운 자유』를 추천한다. 그리고 나서 최종적으로 당신에게 더 큰 도전
을 줄 존 오웬, 토마스 굿윈, 조나단 에드워즈의 저작 전집으로 나아가라.

---

1) George Whitefield, preface to *The Works of That Eminent Servant of Christ Mr. John Bunyan*, 2 vols., 3rd
　ed. (London: W. Johnston, 1767), 1:iii-iv.

청교도들의 삶의 방식과 신학에 대해 알고 싶다면, 리랜드 라이큰의 『청교도이 세상의 성자들』(Worldly Saints: The Puritans as They Really Were, Grand Rapids: Zondervan, 1990)과 피터 루이스의 『청교도주의의 천재성』(The Genius of Puritanism, Morgan, Penn.: Soli Deo Gloria, 1997), 그리고 에롤 헐스(Erroll Hulse)의 『청교도들은 누구인가? 그들은 무엇을 가르치는가?』(Who Are the Puritans? And What Do They Teach?, Darlington, England: Evangelical Press, 2000), 제임스 패커의 『경건의 추구: 그리스도인의 삶에 대한 청교도의 통찰』(A Quest for Godliness: The Puritan Vision of the Christian Life, Wheaton, Ill.: Crossway Books, 1990)을 읽으라.

그다음으로 조엘 비키와 랜들 페더슨(Randall J. Pederson)의 『청교도를 만나다』(Meet the Puritans: A Guide to Modern Reprints, Grand Rapids: Reformation Heritage Books, 2006, 부흥과개혁사 역간)를 보라. 이 책은 150여 명의 청교도들의 생애 및 1956-2005년의 약 50년 동안 재출간된 700여 권의 청교도 작품들을 간략하게 요약한다. 또한 이에 상응하는 책으로, 조엘 비키와 마크 존스(Mark Jones)의 『청교도 신학의 모든 것: 삶을 위한 교리』(A Puritan Theology: Doctrine for Life, Grand Rapids: Reformation Books, 2014, 부흥과개혁사 역간)를 보라. 이 책은 50여 개의 각기 다른 주제들에 관해 청교도들이 뭐라고 가르쳤고, 그 교훈을 자신들의 다양한 삶에 실제로 어떻게 적용했는지를 보여 준다.

청교도, 하나님을 온전히 따르는 삶

지은이 | 조엘 비키 • 마이클 리브스
옮긴이 | 신호섭
펴낸곳 | 지평서원
펴낸이 | 박명규

편 집 | 정 은, 김희정, 김일용

펴낸날 | 2021년 11월 5일 초판

서울 강남구 선릉로107길 14 (역삼동) 101호 06143
☎ 538-9640 Fax. 538-9642
등 록 | 1978. 3. 22. 제 1-129

값 18,000원
ISBN 978-89-6497-080-5-93230

메일주소 jipyung@jpbook.kr
홈페이지 www.jpbook.kr
페이스북 www.facebook.com/jipyung
트 위 터 @_jipyung